Das große SINGER®
Nähbuch
Kleine Geschenke

Rabea Rauer und Yvonne Reidelbach

Die Autorinnen

Nach ihrem Modedesign-Studium arbeiteten Rabea Rauer und Yvonne Reidelbach zunächst für mehrere Modelabels im Bereich Design und Schnittmuster. Während ihrer gemeinsamen Tätigkeit als Dozentinnen an einer privaten Modeschule war schnell der Plan gefasst, ein Nähcafé in Berlin-Friedrichshain zu eröffnen. In der „kinkibox" finden Nähfreunde und alle, die es noch werden wollen, jede Menge Möglichkeiten, sich kreativ auszutoben. Rabea Rauer und Yvonne Reidelbach stehen dabei immer mit Rat und Tat hilfreich zur Seite – ob beim Umsetzen eigener Ideen oder während der zahlreichen Nähkurse zu aktuellen Trendthemen. Die detailverliebt und mit gemütlichen Sofas und Sesseln eingerichteten Räume der kinkibox laden nach dem Nähen bei Kaffee und Keksen zum Plaudern aus dem Nähkästchen ein.

www.kinkibox.de

Danksagung

Wir bedanken uns bei der Firma VSM Deutschland GmbH (Karlsruhe) für die Unterstützung beim Erstellen des Buches.
www.singerdeutschland.de

Was bedeutet ...

... der Schwierigkeitsgrad? Zu jedem Modell ist ein Schwierigkeitsgrad angegeben, dargestellt durch kleine Päckchen. Ein Päckchen bedeutet „einfach", diese Modelle sind relativ schnell umzusetzen, auch für Nähanfänger. Die Modelle, die mit zwei Päckchen gekennzeichnet sind, haben einen mittleren Schwierigkeitsgrad. An die Modelle mit drei Päckchen sollten Sie sich nur mit etwas Übung und Geduld wagen, sie sind etwas aufwendiger.

... der Vergrößerungsfaktor? Ein Teil der Schnittmuster in diesem Buch ist verkleinert abgebildet. Bitte vergrößern Sie alle Schnittmuster auf den Seiten 53–64 auf den jeweils angegebenen Prozenwert oder auf die angegebenen Zentimetermaße. Wo angegeben, sind bei den Schnittmusterteilen die Nahtzugaben bereits eingerechnet!

... dieser Pfeil → auf den Schnittmusterseiten? Dieser Pfeil zeigt auf dem jeweiligen Schnittmusterteil den Fadenlauf des Stoffes an.

Bildnachweis

Fotos: TLC Fotostudio (S. 26); Rabea Rauer und Yvonne Reidelbach (S. 41); Ullrich Alber (restliche Fotos); S. 4/5: SINGER®/© 2013 KSIN Luxembourg II, S.ar.l.; Fotolia.com: © FreeSoulProduction (Illustration Päckchen), S. 22 © LeitnerR (Katze)

Inhalt

Kleine Nähmaschinenkunde für Einsteiger und Fortgeschrittene

Voraussetzung für erfolgreiches Nähen ist eine Nähmaschine, die gut funktioniert und viele Einstellungen selbst vornimmt. Gerade Anfänger können nicht auf Erfahrungswerte zurückgreifen, aber auch einer fortgeschrittenen Näherin wird die Arbeit damit wesentlich erleichtert.

Wer sich als Nähanfänger zum Kauf seiner ersten Nähmaschine entschließt, sollte auf folgendes achten: Neben einer soliden Technik und einfachen Bedienung sind vor allem automatisch eingestellte Funktionen wichtig, die den Start ins neue Hobby erleichtern. Mehrere Nähprogramme, zahlreiche Stiche, automatische Fadenspannung und Knopflöcher, Rückwärtsnähen, ein einfacher Nähfußwechsel sowie praktische Direktwahltasten sorgen zum Beispiel dafür, dass jeder Hobbynäher sofort loslegen kann.

SINGER Tradition 2273

SINGER Curvy 8770

Für Einsteiger geeignete Allround-Nähmaschinen, die neben diesen Funktionen noch viele weitere kreative Möglichkeiten bieten, z. B. Schnellstart-Spule, automatischer Nadeleinfädler, Zwillingsnadelfunktion sowie voreingestellte Stichbreite und -länge, sind die SINGER Tradition 2273, die SINGER Confidence 7469 und die SINGER Curvy 8770. Diese Modelle arbeiten mit modernster Computertechnik, sind leicht zu bedienen und auch für diejenigen attraktiv, die nur über ein kleines Budget verfügen. Die SINGER Curvy 8770 kann darüber hinaus mit einem integrierten Alphabet mit Zahlen, LCD-Display und einer Speicherfunktion für Musterkombinationen punkten.

Fortgeschrittene und erfahrene Hobby-Näherinnen schätzen neben einer praktischen Handhabung und leichten Bedienung vor allem spezielle Zusatzfunktionen, wie sie beispielsweise die SINGER one Plus und die SINGER Quantum Stylist 9960 bieten:

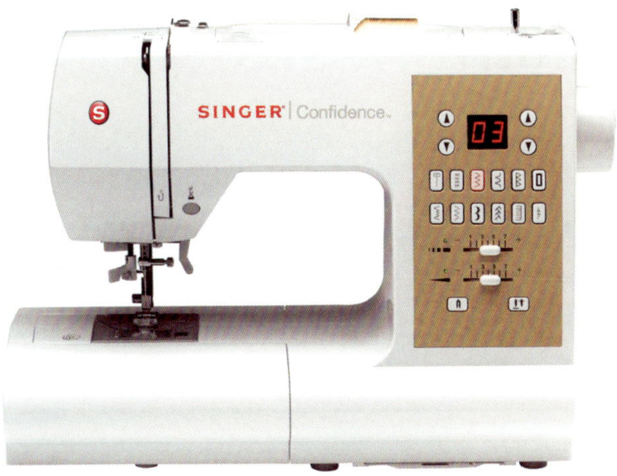

SINGER Confidence 7469

SINGER one Plus

Neben zahlreichen Nutz-, Stretch- und Dekostichen, mehreren Nadelpositionen und vollautomatischen Knopflöchern lassen sich individuelle Stichkombinationen und Muster abspeichern. Die Zwillingsnadelfunktion sorgt dafür, dass diese sogar im „Doppelpack" und mit unterschiedlichen Fäden umgesetzt werden können. Eine programmierbare Nadel-Hoch-Tiefstellung ermöglicht ein besonders einfaches Nähen von Applikationen und Quilts.

Ergänzt werden die beiden Nähmaschinen mit LCD-Display durch ein modernes Einfädel- und Spulensystem, eine extragroße Nähfläche, Start- und Stopp-Taste, individuelle Geschwindigkeitsregulierung, automatischen Fadenabschneider und einen bequemen Nähfußwechsel.

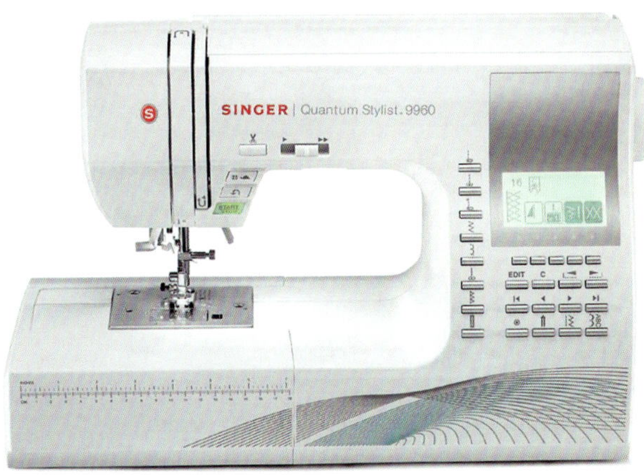

SINGER Quantum Stylist 9960

Kleine Geschenke machen große Freude

Schuhhaus
Enders

Portemonnaie

Größe: 14 cm x 18 cm • Schwierigkeitsgrad

Dieses hübsche Portemonnaie ist der perfekte Begleiter für Sonntagsspaziergänge ohne großes Gepäck, oder für einen Ausgehabend mit Freunden. Neben Münzen und Geldscheinen bekommt man darin auch noch ein Taschentuch und den Hausschlüssel unter.

Das brauchen Sie: Vorlage S. 53

- Baumwollstoff in Beige mit buntem Printmuster, 50 cm breit, 20 cm lang
- Bügeleinlage, mittelstark, 50 cm breit, 20 cm lang
- Futterstoff nach Wahl, 50 cm breit, 20 cm lang
- 1 Plastikreißverschluss in Türkis, 18 cm lang
- farblich passendes Garn

So wird's gemacht

Zuschneiden:
aus Baumwollstoff: 2 x Portemonnaie, inkl. 1 cm Nahtzugabe;
aus Bügeleinlage: 2 x Portemonnaie, inkl. 1 cm Nahtzugabe;
aus Futterstoff: 2 x Portemonnaie, inkl. 1 cm Nahtzugabe

1 Vor dem Zuschneiden den kompletten beigefarbenen Baumwollstoff mit der Bügeleinlage verstärken. Gemäß den Schnittmarkierungen den Reißverschluss an die oberen Kanten der Portemonnaie-Teile nähen, dann den Beutel rechts auf rechts ringsherum schließen.

2 Nun die Teile aus Futterstoff rechts auf rechts legen und ringsherum zusammennähen, dabei eine Wendeöffnung lassen. Die oberen Seiten bleiben ab den Reißverschlussmarkierungen offen.

3 Das Futter an der Reißverschlussnahtzugabe rechts auf rechts annähen. Anschließend alles durch die Wendeöffnung im Futter stülpen und diese mit einigen Handstichen schließen.

Schminktäschchen

Größe: 26 cm x 20 cm • Schwierigkeitsgrad

Ob fürs Büro oder den Wochenendtrip, dieses entzückende Schminktäschchen bietet Platz für Wimperntusche, Make-up und alle anderen Utensilien. Auch als kleines Präsent für eine liebe Freundin liegen Sie mit diesem Accessoire goldrichtig.

Das brauchen Sie: Vorlage S. 54/55

- Baumwollstoff in Violett mit Printmuster, 1 m breit, 20 cm lang
- Baumwollstoff in Violett mit weißen Punkten, 50 cm breit, 20 cm lang
- Bügeleinlage, mittelstark, 90 cm breit, 40 cm lang
- Futterstoff nach Wahl, 1 m breit, 20 cm lang
- Samtband in Fuchsia, 1,3 cm breit, 50 cm lang
- 1 Plastikreißverschluss in Fuchsia, 20 cm lang
- farblich passendes Garn

So wird's gemacht

Zuschneiden:
aus Baumwollstoff mit Printmuster: 2 x Tasche im Bruch, inkl. 1 cm Nahtzugabe;

aus Baumwollstoff mit Punkten: 4 x Blende, inkl. 1 cm Nahtzugabe;

aus Bügeleinlage: 2 x Tasche im Bruch, 4 x Blende, inkl. 1 cm Nahtzugabe;

aus Futterstoff: 2 x Tasche im Bruch, inkl. 1 cm Nahtzugabe

1 Die Baumwollstoffe und der Futterstoff werden erst einmal getrennt bearbeitet. Zunächst die Baumwollstoffe mit der Bügeleinlage verstärken. Die Falten gemäß Schnittmustermarkierung an allen Taschenschnittteilen knapp mit Heftstichen vorfixieren. Dann je eine Blende pro Taschenteil rechts auf rechts darüberlegen und festnähen.

2 Das Samtband beidseitig knappkantig über die Naht von Außentasche und Blende steppen.

3 Den Reißverschluss zwischen die Blenden der Außentasche nähen, dann die Tasche rechts auf rechts ringsherum schließen.

4 Nun das Futter mit den angenähten Blenden rechts auf rechts legen und ringsherum zusammennähen, dabei eine Wendeöffnung lassen.

5 Die Futtertasche an der Reißverschlussnahtzugabe des Baumwollstoffs rechts auf rechts annähen. Anschließend alles durch die Wendeöffnung im Futter stülpen und diese mit einigen Handstichen schließen.

Buchhülle mit Lesezeichen

Größe: 13,5 x 19 x 4 cm • Schwierigkeitsgrad

Eine originelle Geschenkverpackung für Bücher ist die passende Buchhülle. So verleihen Sie Ihrem Geschenk für eine Leseratte die persönliche Note. Gleichzeitig wird das Buch durch den Umschlag mit Gummiband vor Flecken und Eselsohren geschützt. Das integrierte Lesezeichen hilft, auch bei größeren Lesepausen den Anschluss nicht zu verlieren.

Das brauchen Sie: Vorlage S. 53

(*Hinweis*: Die Angaben gelten für ein Taschenbuch, 13,5 x 19 x 4 cm)

- Baumwollstoff mit Patchwork-Print, 80 cm breit, 30 cm lang
- Bügeleinlage, mittelstark, 80 cm breit, 30 cm lang
- Gummiband in Violett gestreift, 2,5 cm breit, 25 cm lang
- Band in Blau-Weiß kariert, 7 mm breit, 13 cm lang,
- Lesezeichen: Stoffstück in Schmetterlings- oder Blütenform plus Bügeleinlage (optional)
- farblich passendes Garn

So wird's gemacht

Zuschneiden:
aus Baumwollstoff und Bügeleinlage: Breite = 1 x Länge des Buches + 4 cm Nahtzugabe, Länge = 2 x Breite des Buches + 1 x Breite des Buchrückens + 2 x 12 cm für den Umschlag;

aus Gummiband: Länge = Länge des Buches + 2 x Breite des Buchrückens, ohne Nahtzugabe, damit das Band später straff sitzt;

für Lesezeichen: 2 x Schmetterling oder Blüte (gegengleich), zunächst nur grob ausschneiden

1 Den zugeschnittenen Baumwollstoff mit Bügeleinlage verstärken und die Kanten ringsherum mit Zick-Zack-Stich oder mit der Overlockmaschine versäubern.

2 Das blauweiß karierte Band für das Lesezeichen zwischen die Vorder- und Rückseite des Schmetterlings legen, knappkantig mit Knopflochstich um die Form herumnähen und den überstehenden Stoffrand mit einer kleinen Schere zurückschneiden.

3 Gemäß der Schnittmarkierung auf der Hälfte der einen langen Stoffseite das Ende des Lesezeichenbands mit Zick-Zack-Stichen knappkantig am Stoffrand fixieren.

4 Das Gummiband rechts auf rechts, 14 cm entfernt von der Kante (siehe Schnittmarkierung), einmal an der oberen und einmal an der unteren Seite mit Zick-Zack-Stichen annähen. Das Gummiband sollte straff gespannt sein und etwas unter Zug stehen.

5 Nun jede der kurzen Stoffseiten zunächst 2 cm, dann 10 cm nach innen bügeln. Anschließend den Stoff an der zweiten gebügelten Kante nach außen klappen, sodass er rechts auf rechts liegt. Dann mit 2 cm Nahtzugabe den Umschlag festnähen, umstülpen und bügeln.

Tasche für Digitalkamera

Größe: 7 cm x 10 cm x 4 cm • Schwierigkeitsgrad

Mit dieser originellen Tasche in Fotoapparat-Optik ist jede Kamera gut aufgehoben und hängt mit der kurzen Armschlaufe sicher am Handgelenk. Ab jetzt ist sie immer sofort startklar für den nächsten Schnappschuss.

Das brauchen Sie: Vorlage S. 56/57

- Filz in Hellgrau, 50 cm breit, 20 cm lang, 3 mm stark
- Filz in Schwarz, 5 cm breit, 5 cm lang, 1 mm stark
- Filz in Weiß, 5 cm breit, 5 cm lang, 1 mm stark
- Filz in Rot, 2 cm breit, 2 cm lang, 1 mm stark
- Ripsband in Buntgestreift, 1 cm breit, 30 cm lang
- 1 Plastikreißverschluss in Hellgrau, 33 cm lang
- farblich passendes Garn

So wird's gemacht

Zuschneiden:
(*Hinweis*: Der abgebildete Schnitt ist für eine Digitalkamera mit den Maßen 6 cm x 10 cm x 3 cm geeignet. Das Schnittmuster ist etwas größer als die eigentliche Kamera, damit man genügend Spiel zum Aus- und Einpacken hat. Sollte Ihre Kamera größer oder kleiner als das angegebene Maß sein, können Sie sich anhand der Bemaßung der Skizze Ihr eigenes Schnittmuster erstellen.)

aus Filz in Hellgrau: 1 x Tasche oben im Bruch, 1 x Tasche unten im Bruch, 2 x Boden/Deckel, inkl. 1 cm Nahtzugabe;

aus Filz in Schwarz: 1 x Linse außen, ohne Nahtzugabe;

aus Filz in Weiß: 1 x Linse innen, 1 x Blitz, ohne Nahtzugabe;

aus Filz in Rot: 1 x Auslöser, ohne Nahtzugabe

1 Mit einem Knopflochstich die weiße Linse mittig auf die schwarze Linse applizieren. Die Linsen sowie Blitz und Auslöser entsprechend der im Schnitt markierten Positionen auf den hellgrauen Filz ebenfalls mit Knopflochstich aufnähen.

2 Den Reißverschluss an die lange Seite des oberen Taschenteils und an das untere Taschenteil nähen. Dabei auf die Schnittmarkierung für Reißverschlussanfang bzw. –ende achten.

3 Das Ripsband für die Armschlaufe mittig falten und entsprechend der im Schnittmuster markierten Position vorfixieren – die Schlaufe liegt dabei auf dem Filz. Die Tasche an der kurzen Seite zusammennähen. Dann die Nahtzugabe zurückschneiden und außen absteppen.

4 Nun Deckel und Boden an oberer bzw. unterer Kante ringsherum annähen, dabei unbedingt exakt die Nahtzugabe von 1 cm einhalten und diese in den Eckpunkten großzügig einschneiden (aber nicht in die Naht!). Anschließend die Nahtzugabe knapp zurückschneiden.

5 Die Tasche wenden und die Nähte mit Dampf Stück für Stück über einem Ärmelbrett auseinanderbügeln, damit sie am Ende schön flach liegen.

Tasche für Tablet-PC

Größe: entsprechend des Tablet-PCs • Schwierigkeitsgrad

Mit dieser farbenfrohen Tasche kann dem Tablet-PC nichts mehr passieren. Er ist gut gepolstert und lässt sich problemlos überallhin mitnehmen. Auch für einen Laptop eignet sich die weiche Hülle hervorragend, passen Sie das Schnittmuster einfach Ihrem Gerät an.

Das brauchen Sie: Vorlage S. 58

- 1 bis 2 Filzplatten in Pink (je nach Gerätgröße), A3, 3 mm stark
- Baumwollstoff in Pink-Rot gestreift (Futterstoff), 1,40 m breit, 60 cm lang
- 1 Knopf in Schwarz, ø 4 cm
- Seidenkordel in Schwarz, 25 cm lang, 2 mm stark
- farblich passendes Garn

So wird's gemacht

Zuschneiden:
aus Filz: 1 x Vorderteil, 1 x Rückteil mit Deckel, 1 x Seitenteil, inkl. 1 cm Nahtzugabe;
aus Futterstoff: 1 x Vorderteil, 1 x Rückteil mit Deckel, 1 x Seitenteil, inkl. 1 cm Nahtzugabe

1 Das Seitenteil aus Filz an die Seiten und den Boden des Vorderteils stecken und festnähen. Das Ganze mit dem Rückteil mit Deckel wiederholen, dabei aber am Anfang und am Ende 1 cm offen lassen. (Das ist nötig, um den Baumwollstoff später an den Filz zu nähen.) Die Eckpunkte großzügig einschneiden und die Nahtzugaben etwas zurückschneiden. Die Hülle vorsichtig wenden.

2 Genauso mit dem Futterstoff verfahren, aber mittig eine Wendeöffnung von ca. 10 cm lassen.

3 Die Seidenkordel an der im Schnittmuster markierten Stelle am Deckel feststecken. Den Deckel der Hülle aus Baumwollstoff rechts auf rechts an den Deckel aus Filz stecken, die Kordel liegt dabei zwischen beiden Lagen, und anschließend rundherum festnähen.

4 Die Seitenteile und das Vorderteil aus Futterstoff rechts auf rechts auf die Seitenteile und das Vorderteil aus Filz stecken und rundherum festnähen.

5 Die Futterstofftasche durch die Öffnung wenden und diese unsichtbar mit einigen Handstichen schließen.

6 Die Nahtzugaben aus Filz mit Dampf flach bügeln. Falls gewünscht, die Kante des Deckels noch knappkantig absteppen. Zum Schluss den Knopf gemäß Schnittmarkierung annähen.

Das brauchen Sie: Vorlage S. 59

Größe: 7 cm x 12 cm (Sie können das Schnittmuster an die Größe Ihres Smartphones oder Handys anpassen.)

- Strickstoff in Flieder, 40 cm breit, 30 cm lang
- Baumwollstoff in Weiß mit rosa Punkten, 20 cm breit, 30 cm lang
- Volumenvlies zum Aufbügeln, mittelstar 10 cm breit, 30 cm lang
- 1 Perlmuttknopf in Weiß, ø 8 mm
- 1 Strassstein zum Aufnähen, ø 8 mm
- farblich passendes Garn

Smartphone-Tasche

Größe: 7 cm x 12 cm • Schwierigkeitsgrad

Von nun an ist das Smartphone nicht nur sicher gegen Stürze und Kratzer verpackt, sondern kommt auch noch besonders adrett im Businesslook daher. Mit spitzem Kragen und in Blau- und Grautönen kombiniert kann auch eine pfiffige Herrenvariante gezaubert werden.

So wird's gemacht

Zuschneiden:
(*Hinweis*: Der abgebildete Schnitt ist für ein Gerät mit den Maßen 6 cm x 11,5 cm geeignet. Das Schnittmuster ist etwas größer als das eigentliche Gerät, damit genügend Spiel zum Hinein- und Herausschieben ist. Sollte Ihr Smartphone/Handy größer oder kleiner als das angegebene Maß sein, können Sie die Differenzen gleichmäßig an beiden Seiten und gegebenenfalls in der Länge zugeben bzw. wegnehmen. Auch das Bündchen können Sie entsprechend kürzen oder verlängern.)

aus Strickstoff: 1 x Pullunder Vorderteil, 1 x Pullunder Rückteil, 1 x Bündchen, inkl. 7 mm Nahtzugabe;

aus Baumwollstoff: 2 x Bluse, 2 x Kragen, inkl. 7 mm Nahtzugabe;

aus Volumenvlies: 1 x Bluse

1 Die beiden Kragenteile rechts auf rechts legen und sehr knapp entlang der Außenkante zusammennähen, anschließend umstülpen und glatt bügeln.

2 Eines der beiden Blusenteile auf der linken Stoffseite mit Volumenvlies verstärken und anschließend gemäß dem Schnittmuster das Halsloch bei beiden Teilen herausschneiden. Nun beide Blusenteile rechts auf rechts legen und den Kragen am Halsloch zwischen den Lagen platzieren. Die Kragenmitte liegt dabei an der Schnittmarkierung. Bei 5 mm Abstand zur Außenkante rund um das Halsloch nähen. Danach die Nahtzugabe entlang der Rundung gut einschneiden und eine Blusenlage durch das Halsloch nach innen schlagen.

3 Die Schulternähte des Pullunders schließen. Den Halsausschnitt des Pullunders nach innen einschlagen und auf die Bluse stecken, jetzt den Pullunder nach oben schlagen und möglichst unsichtbar rund um das Halsloch steppen.

4 Alle Lagen rechts auf rechts legen und die Seitennähte mit Zick-Zack-Stich oder einer Overlockmaschine schließen. Die Tasche umstülpen.

5 Die kurzen Seiten des Bündchenteils zusammennähen, dann das Teil mittig der Länge nach falten, sodass die Nahtzugabe nach innen liegt. Nun das Bündchen rechts auf rechts auf die untere Kante der Tasche legen und mit Zick-Zack-Stich oder der Overlockmaschine ringsherum festnähen. Dabei sollte das Bündchen unter Zug stehen.

6 Den Knopf und den Strassstein gemäß Schnittmarkierungen mit einigen Handstichen an den entsprechenden Positionen auf Bluse und Pullunder annähen.

Pinguin-Anhänger

Größe: 4 cm x 9 cm • Schwierigkeitsgrad

Ein nettes Präsent für Leute, die gern einmal ihren Schlüssel verlegen. Dank dieses niedlichen Pinguins geht der Schlüsselbund garantiert nicht mehr verloren und lästiges Suchen ist Geschichte. Auch als Glücksbringer leistet der Anhänger treue Dienste.

Das brauchen Sie: Vorlage S. 59

- Baumwollstoff in Dunkelblau mit weißen Punkten, 20 cm breit, 15 cm lang
- Baumwollstoff in Weiß mit rosa Punkten, 10 cm breit, 15 cm lang
- Bügeleinlage, mittelstark, 30 cm breit, 15 cm lang
- Filz in Gelb, 5 cm breit, 3 cm lang, 1 mm stark
- Filz in Schwarz, 3 cm breit, 3 cm lang, 1 mm stark
- Füllwatte
- Textilkleber
- Schlüsselanhänger in Silber, ca. 5 cm lang
- reißfestes Band in Dunkelblau (für den Schlüsselanhänger), ca. 6 cm lang
- farblich passendes Garn

So wird's gemacht

Zuschneiden:
aus Baumwollstoff in Dunkelblau: 2 x Körper, inkl. 5 mm Nahtzugabe;

aus Baumwollstoff Weiß: 1 x Bauch, ohne Nahtzugabe;

aus Bügeleinlage: 2 x Körper, inkl. 5 mm Nahtzugabe, 1 x Bauch, ohne Nahtzugabe;

aus Filz in Gelb: 1 x Schnabel, 2 x Füße;

aus Filz in Schwarz: 2 x Auge

1 Die Körperteile und den Bauch auf der linken Seite mit der Bügeleinlage verstärken. Den Bauch auf ein Körperteil stecken und rundherum mit einem Knopflochstich festnähen.

2 Die Füße an den im Schnittmuster markierten Stellen feststecken. Die Fußspitzen zeigen dabei zum Bauch. Das Band für den Schlüsselanhänger zur Hälfte falten und am Kopf feststecken, die Schlaufe zeigt dabei zur Körpermitte.

3 Das zweite Körperteil rechts auf rechts auf das erste stecken und nun die Lagen rundherum festnähen. Dabei gemäß Schnittmarkierung an einem Flügel eine ca. 3 cm lange Wendeöffnung lassen. Durch diese wird der Pinguin nun vorsichtig gewendet.

4 Den Pinguin mit Watte füllen und die Öffnung unsichtbar von Hand schließen. Die Augen und den Schnabel mit Textilkleber anbringen. Zum Schluss den Schlüsselanhänger mit einer Zange am Band befestigen.

Genähter Bilderrahmen

Größe: 20 cm x 24 cm • Schwierigkeitsgrad

In diesem Bilderrahmen aus Stoff kommen tolle Erinnerungsfotos besonders schön zur Geltung. Ob zum Geburtstag einer netten Arbeitskollegin oder für die Lieblingsoma – das dekorative Stück ist schnell genäht und in den passenden Farben zur Einrichtung des Beschenkten eine zauberhafte, selbstgemachte Aufmerksamkeit.

Das brauchen Sie: Vorlage S. 60
(*Hinweis*: für ein 9 cm x 13 cm-Bild)

- Baumwollstoff in Blau mit weißen Punkten, 25 cm breit, 25 cm lang
- Baumwollstoff in Rot-Weiß kariert, 50 cm breit, 25 cm lang (Rückseite des Rahmens)
- Bügeleinlage, mittelstark, 75 cm breit, 25 cm lang
- Bommelborte in Rot, 1 cm breit, 50 cm lang
- Kordel in Rot, 13 cm lang, 4 mm stark
- farblich passendes Garn
- Textilkleber
- 4 Fotoecken oder doppelseitiges Klebeband

So wird's gemacht

Zuschneiden:
(*Hinweis*: Sie können den Bilderrahmen entsprechend der Größe Ihres Fotos beliebig verkleinern oder vergrößern.)

aus Baumwollstoff gepunktet: 1 x Bilderrahmen mit Fensterausschnitt entlang der gestrichelten Linie, inkl. 1 cm Nahtzugabe;

aus Baumwollstoff kariert: 2 x Bilderrahmen, inkl. 1 cm Nahtzugabe;

aus Bügeleinlage: 3 x Bilderrahmen, davon 1 x mit Fensterausschnitt

1 Alle Stoffteile auf der linken Seite mit Bügeleinlage verstärken. Danach auf dem Schnittteil aus dem gepunkteten Stoff entlang der im Schnittmuster gekennzeichneten Einschnittlinie die Ecken des Fensterausschnitts einschneiden. Die Nahtzugabe von 1 cm nach innen bügeln. Entlang dieser Kanten die Bommelborte knappkantig aufnähen.

2 Die beiden karierten Stoffteile links auf links aufeinanderlegen und knappkantig zusammennähen. Dies wird die Rückseite des Bilderrahmens.

3 Die 13 cm lange Kordel für die Aufhängung auf die rechte Stoffseite des karierten Stoffs legen und an entsprechender Position, siehe Schnittmuster, vorfixieren. Dann den gepunkteten Stoff rechts auf rechts darüberlegen und die Lagen mit 1 cm Abstand zur Außenkante zusammennähen.

4 Die Ecken zurückschneiden und den Rahmen durch das Fenster wenden. Beide Lagen nun mit etwas Textilkleber zusammenkleben und ein Foto mit Fotoecken oder doppelseitigem Klebeband mittig platzieren.

Blumentopfhusse zum Wenden

Größe: 20 cm hoch, Ø 16 cm • Schwierigkeitsgrad

Mit bedruckten Baumwollstoffen lassen sich gewöhnliche Blumentöpfe in Windeseile farbenfroh aufpeppen. Selbst schlichte Grünpflanzen werden zum Hingucker. Einer verschenkten Topfpflanze geben Sie mit einem solchen Überzug eine persönliche Note. Und wird der Stoff mal langweilig, erstrahlt die Husse nach dem Wenden in einem neuen Look.

Das brauchen Sie:

(*Hinweis*: Die Angaben gelten für einen mittelgroßen Blumentopf, ca. 19 cm hoch, ø 15 cm)

- Baumwollstoff mit buntem Printmuster, 1 m breit, 40 cm lang
- Baumwollstoff in Blau-Weiß gestreift, 1 m breit, 40 cm lang
- Bügeleinlage, mittelstark, 1 m breit, 40 cm lang
- farblich passendes Garn

So wird's gemacht

Zuschneiden:
Fertigen Sie mithilfe eines Bleistifts, eines Maßbands und eines Geodreiecks auf Papier ein Schnittmuster an.

Boden: Blumentopf umranden, ringsherum 2 cm dazugeben (1 cm Spiel + 1 cm Nahtzugabe)

Seitenteil: Ein Rechteck zeichnen mit Länge = Umfang des Bodens innerhalb der Nahtzugabe (1 cm) x Breite = Höhe des Blumentopfes + 6 cm, rundherum 1 cm Nahtzugabe dazugeben.

aus Baumwollstoff mit Printmuster: 1 x Boden, 1 x Seitenteil, inkl. 1 cm Nahtzugabe;

aus Baumwollstoff in Blau-Weiß gestreift: 1 x Boden, 1 x Seitenteil, inkl. 1 cm Nahtzugabe;

aus Bügeleinlage: 1 x Boden, 1 x Seitenteil, inkl. 1 cm Nahtzugabe

1 Die Schnittteile aus Baumwollstoff mit Printmuster mit der Bügeleinlage verstärken. Danach das Seitenteil aus Baumwollstoff rechts auf rechts an den kürzeren Seiten zusammennähen und die Naht auseinanderbügeln. Ebenso mit dem Seitenteil aus dem gestreiften Baumwollstoff verfahren, hier allerdings eine Wendeöffnung von ca. 7 cm offen lassen.

2 Nun jeweils die Bodenteile rechts auf rechts rund in die Seitenteile einsetzen.

3 Beide Lagen jetzt rechts auf rechts an der oberen Kante zusammensteppen, dazu beide Teile ineinanderstecken. Anschließend durch die Wendeöffnung umstülpen und diese mit einigen Handstichen schließen. Die obere Kante kann nun umgeschlagen werden.

Nadelkissen „Cupcake"

Größe: 14 cm hoch, Ø 14 cm • Schwierigkeitsgrad

Ab jetzt haben Nähnadeln, Stecknadeln und Sicherheitsnadeln einen außergewöhnlichen Platz. Mit diesem witzigen Nadelkissen machen Sie allen Nähbegeisterten eine besondere Freude. Und eine anschließende Diät ist überflüssig!

Das brauchen Sie: Vorlage S. 60/61

- Baumwollstoff in Rosa mit Blümchenprint, 30 cm breit, 30 cm lang,
- Cordstoff in Beige, 40 cm breit, 10 cm lang
- Bügeleinlage, mittelstark, 30 cm breit, 30 cm lang
- einige Rocailleperlen, Pailletten und Glitzersteine in Rot und Pink
- 1 Stegknopf in Apricot, ø 2 cm
- 1 Joghurtbecher (rund)
- Füllwatte
- farblich passendes Garn

So wird's gemacht

Zuschneiden:
(*Hinweis*: Das Schnittmuster für den Cordstoff evtl. etwas an den Joghurtbecher anpassen.)

aus Baumwollstoff: 1 x Cake im Bruch (Achtung, zwei Bruchkanten; Sie benötigen einen ganzen Kreis!), inkl. 1 cm Nahtzugabe;

aus Cordstoff: 1 x Boden, 2 x Seite, inkl. 1 cm Nahtzugabe;

aus Bügeleinlage: 1 x Cake im Bruch (Achtung, zwei Bruchkanten; Sie benötigen einen ganzen Kreis!), inkl. 1 cm Nahtzugabe

1 Die Seitennähte der Seitenteile aus Cordstoff rechts auf rechts zusammennähen. Den Boden rechts auf rechts rund einsetzen, dann umstülpen. Den Joghurtbecher einsetzen.

2 Den Kreis aus Baumwollstoff mit der Bügeleinlage verstärken. Mit der größten Stichlänge knappkantig rings um den Kreis nähen, jedoch ohne die Naht zu verriegeln. Nun an den Fadenenden ziehen und damit die gesamte Außenkante gleichmäßig raffen. (Dieser Kräuselfaden kann nach dem Annähen wieder entfernt werden.)

3 Die Außenkante anschließend nach innen schlagen und unregelmäßig am oberen Rand des Cordstoffs feststecken. Dabei in einer leichten Wellenlinie arbeiten, um die überquellende Creme des Törtchens zu imitieren. Dreiviertel des Stoffs so fixieren, dann den Cupcake mit reichlich Füllwatte ausstopfen. Danach die restliche Außenkante feststecken.

4 Nun mit kleinen Handstichen möglichst unsichtbar beide Stoffe zusammennähen. Zwischendurch erneut Watte nachfüllen, damit das Nadelkissen schön prall wird.

5 Zum Schluss das Törtchen nach Belieben mit von Hand aufgenähten Rocailleperlen, Pailletten und Glitzersteinen verzieren. Den apricotfarbenen Knopf mittig befestigen.

Alles für den Frühstückstisch

An diesem Frühstückstisch möchte jeder gerne Platz nehmen. In einem wunderschönen Körbchen aus Baumwolle und Leinen sind die Sonntagsbrötchen praktisch aufbewahrt und die dekorativen Platzsets sehen nicht nur besonders hübsch aus, sie schaffen auch Ordnung auf dem Tisch. Denn nicht nur Teller finden darauf ihren Platz, auch das Besteck kann sorgfältig in den Besteckhüllen verstaut werden. Perfekt wird die Tafel mit den Frühstückseiern, die unter den zauberhaften Stoffhauben lange warm bleiben (Anleitungen S. 30–33).

Das brauchen Sie: Vorlage S. 55
(*Hinweis*: Die Angaben gelten für zwei Platzsets.)

- Leinen in Natur, 1,40 m breit, 70 cm lang
- Baumwollstoff mit Blümchenprint, 1,40 m breit, 35 cm lang
- Bügeleinlage, mittelstark, 90 cm breit, 1,50 m lang
- farblich passendes Garn

Platzsets mit Besteckhüllen

Größe: 47 cm x 32 cm und 10 cm x 26 cm • Schwierigkeitsgrad

So wird's gemacht

Zuschneiden:
(*Hinweis*: Schneiden Sie parallel zur Webkante zu.)
aus Leinen: 4 x Platzset, 4 x Besteckhülle 1, inkl. 1 cm Nahtzugabe;
aus Baumwollstoff geblümt: 2 x Seitenteil gerade, 2 x Seitenteil schräg, 2 x Besteckhülle 2, inkl. 1 cm Nahtzugabe;
aus Bügeleinlage: 4 x Platzset, 2 x Seitenteil schräg, 4 x Besteckhülle 1, inkl. 1 cm Nahtzugabe

1 Die Platzsets und die Besteckhüllen aus Leinen sowie die schrägen Seitenteile aus dem geblümten Baumwollstoff auf der linken Seite mit Bügeleinlage verstärken.

2 Das gerade Seitenteil aus dem geblümten Baumwollstoff an der im Schnitt gekennzeichneten Bruchkante falten und gemäß Schnittmarkierung auf der linken Hälfte des Platzsets aus Leinen feststecken, dabei schaut die Bruchkante zur Mitte. Die Bruchkante knappkantig auf das Platzset aufsteppen.

3 Das schräge Seitenteil aus dem geblümten Baumwollstoff ebenfalls an der wie im Schnitt gekennzeichneten Bruchkante falten. Gemäß Schnittmarkierung schräg auf der rechten Hälfte des Platzsets positionieren und feststecken.

4 Nun ein weiteres Platzset rechts auf rechts auf das bereits vorbereitete Platzset legen und die Außenkanten rundherum zusammennähen, dabei jedoch eine 10 cm lange Wendeöffnung lassen. Die Ecken zurückschneiden und das Platzset durch die Öffnung wenden.

5 Die Öffnung unsichtbar mit einigen Handstichen schließen, das Platzset glatt bügeln und rundherum 2 cm vom Rand entfernt absteppen.

6 Die Besteckhülle 2 an der Bruchkante falten und auf eine Besteckhülle 1 heften. Eine zweite Besteckhülle 1 rechts auf rechts auf die erste legen und die Außenkanten rundherum zusammennähen, dabei eine ca. 8 cm lange Wendeöffnung lassen. Die Ecken zurückschneiden und die Besteckhülle durch die Öffnung wenden. Die Wendeöffnung unsichtbar mit einigen Handstichen schließen.

Brotkorb

Größe: 26 cm x 26 cm • Schwierigkeitsgrad

Das brauchen Sie: Vorlage S. 57

- Leinen in Natur, 1,20 m breit, 35 cm lang
- Baumwollstoff in Grün-Weiß kariert, 1,20 m breit, 35 cm lang
- Bügeleinlage, mittelstark, 90 cm breit, 80 cm lang
- Volumenvlies zum Aufbügeln, 90 cm breit, 80 cm lang
- farblich passendes Garn

So wird's gemacht

Zuschneiden:
aus Leinen: 2 x Seite im Bruch, 1 x Boden im Bruch, inkl. 1 cm Nahtzugabe;

aus Baumwollstoff: 2 x Seite im Bruch, 1 x Boden im Bruch, inkl. 1 cm Nahtzugabe;

aus Bügeleinlage: 2 x Seite im Bruch, 1 x Boden im Bruch, inkl. 1 cm Nahtzugabe;

aus Volumenvlies: 2 x Seite im Bruch, 1 x Boden im Bruch, inkl. 1 cm Nahtzugabe

1 Die Seitenteile und den Boden aus Leinen auf der linken Stoffseite mit Bügeleinlage und Volumenvlies verstärken. Die Seitenteile anschließend rechts auf rechts aufeinanderlegen und an den Seiten zusammennähen.

2 Die Seitenteile nun rechts auf rechts auf den Boden aus Leinen stecken, dabei darauf achten, dass die Seitennähte ausgerichtet an den im Schnitt gekennzeichneten Markierungspunkten des Bodens angebracht werden. Dann rundherum festnähen.

3 Genauso mit den Teilen aus dem karierten Baumwollstoff verfahren, aber hier eine ca. 7 cm lange Wendeöffnung an einer der Seitennähte lassen.

4 Den Brotkorb aus Leinen auf rechts drehen und den Brotkorb aus Baumwollstoff so darüberstülpen, dass die offenen Kanten rechts auf rechts aufeinanderliegen. Rundherum zusammensteppen.

5 Den Brotkorb durch die Öffnung im karierten Baumwollstoff wenden und die Wendeöffnung mit einigen Handstichen schließen. Den oberen Rand etwas umschlagen. Der Brotkorb kann von beiden Seiten verwendet werden.

Eierwärmer

Größe: 6 cm x 7 cm • Schwierigkeitsgrad

Das brauchen Sie: Vorlage S. 53
(*Hinweis*: für vier Eierwärmer)

- Baumwollstoff in Grün mit weißen Punkten, 1 m breit, 25 cm lang
- Volumenvlies zum Aufbügeln, 50 cm breit, 25 cm lang
- Band in Rot oder Grün kariert, 7 mm breit, 32 cm lang
- Borte mit Blümchen, 1,5 cm breit, 90 cm lang
- farblich passendes Garn

So wird's gemacht

Zuschneiden:
aus Baumwollstoff: 16 x Eierwärmer, inkl. 7 mm Nahtzugabe;
aus Volumenvlies: 8 x Eierwärmer, inkl. 7 mm Nahtzugabe

1 Acht der Eierwärmer-Teile aus Stoff von links mit Volumenvlies verstärken. Die unverstärkten Stoffteile dienen als Futter. Sie werden je rechts auf rechts zusammengelegt und bei 7 mm entlang der gerundeten Kantenlinie zusammengenäht. Dabei an der Rundung eine kleine Öffnung von ca. 3 cm zum Wenden lassen.

2 Das Band für die Schlaufe in 8 cm lange Stücke schneiden, diese je mittig falten und an der im Schnitt gekennzeichneten Position auf einem verstärkten Eierwärmer-Teil vorfixieren, dabei liegt die Schlaufe auf der rechten Stoffseite und zeigt zur Stoffmitte.

3 Nun jeweils ein kurzes Stück einer Seite von je zwei wattierten Stoffteilen rechts auf rechts zusammennähen. Die Nahtzugabe auseinanderbügeln und das Ganze auf rechts wenden. Von der Borte ein 22,5 cm langes Stück abschneiden und längs über beide Teile gemäß Schnittmarkierung knappkantig aufsteppen. Dann die restliche Kuppel und die zweite Seite jedes Eierwärmers zusammennähen (dabei wird jetzt die Schlaufe mitgefasst).

4 Das Futter rechts auf rechts auf die Unterkante des Außensäckchens stecken, ringsherum zusammensteppen (Achtung: Dabei geduldig und umsichtig vorgehen, das ist etwas kniffelig!) und den Eierwärmer durch die Wendeöffnung im Futter umstülpen. Die Wendeöffnung mit ein paar Handstichen oder knappkantig mit der Maschine schließen und das Futter nach innen schieben.

Tipp:
Besonders schön sehen die Eierwärmer aus, wenn sie aus vielen bunten Stoffresten und unterschiedlichen Borten und Bändern genäht werden!

Das brauchen Sie: Vorlage S. 62/63

- Satin in Lindgrün, 15 cm breit, 30 cm lang
- Baumwollstoff mit Sternprint, 10 cm breit, 10 cm lang
- Baumwollstoff in Rosa mit weißen Punkten, 20 cm breit, 15 cm lang
- Leinen in Flieder, 15 cm breit, 15 cm lang
- Baumwollstoff mit Streifen und Blümchen, 15 cm breit, 15 cm lang
- Bügeleinlage, mittelstark, 50 cm breit, 20 cm lang
- Spitzenborte in Weiß, 1 cm breit, 25 cm lang
- Satinband in Rosa, 1 cm breit, 16 cm lang
- getrocknete Lavendelblüten zum Füllen
- evtl. etwas Füllwatte zum Aufpolstern
- farblich passendes Garn

Lavendel-Duftkissen

Größe: je ca. 11 cm lang • Schwierigkeitsgrad

Diese Lavendel-Duftkissen verscheuchen nicht nur unliebsame Gäste aus dem Kleiderschrank, sie sehen auch am Knauf einer Schranktür sehr dekorativ aus.

So wird's gemacht

Zuschneiden:
aus Satin: 2 x Kissen, inkl. 5 mm Nahtzugabe;

aus Baumwollstoff mit Sternprint: 1 x Flakon unten, ohne Nahtzugabe;

aus Baumwollstoff mit Punkten: 1 x Flakon oben, ohne Nahtzugabe; 1 x Herz vorn oben, inkl. 5 mm Nahtzugabe;

aus Leinen: 1 x Herz vorn unten, inkl. 5 mm Nahtzugabe;

aus Baumwollstoff gestreift: 1 x Herz hinten, inkl. 5 mm Nahtzugabe;

aus Bügeleinlage: 2 x Kissen, inkl. 5 mm Nahtzugabe, 1 x Flakon unten, ohne Nahtzugabe, 1 x Flakon oben, ohne Nahtzugabe; 1 x Herz vorn oben, inkl. 5 mm Nahtzugabe, 1 x Herz vorn unten, inkl. 5 mm Nahtzugabe, 1 x Herz hinten, inkl. 5 mm Nahtzugabe

Herz:

1 Zunächst alle Stoffstücke mit Bügeleinlage verstärken. „Herz vorn oben" und „Herz vorn unten" zusammennähen. Dann aus dem Spitzenband ein 9 cm langes Stück zuschneiden und auf diese Naht steppen.

2 Das restliche, 16 cm lange Stück des Spitzenbandes für die Aufhängeschlaufe mittig falten und auf der rechten Stoffseite positionieren. Dann beide Herzteile rechts auf rechts legen und ringsherum zusammennähen. Eine kleine Wendeöffnung lassen, durch diese das Herz umstülpen. Dann das Herz mit Lavendelblüten und eventuell etwas Watte füllen. Zum Schluss die Wendeöffnung mit einigen Handstichen schließen.

Flakonkissen:

1 Zuerst alle Stoffstücke mit der Bügeleinlage verstärken. Die beiden Flakonteile etwas überlappend mittig auf dem Satin platzieren. Mit einem Knopflochstich entlang der Kante ringsherum aufsteppen.

2 Das Satinband für die Aufhängeschlaufe mittig falten und entsprechend der Markierung im Schnittmuster auf der rechten Stoffseite positionieren.

3 Beide Satinteile rechts auf rechts legen und bis auf eine kleine Wendeöffnung zusammennähen. Umstülpen und mit Lavendelblüten sowie gegebenenfalls Watte füllen. Die Öffnung mit einigen Handstichen schließen.

Kosmetiktuchbox-Hüllen

Größe: 12 cm x 25 cm • Schwierigkeitsgrad

Diese schnell genähten Hüllen bringen Stil ins Badezimmer. Mit kleinen Details wie Borten und Schleifen aufgepeppt, machen Sie daraus im Handumdrehen individuelle Schmuckstücke, die sich auch gut als Mitbringsel eignen.

Das brauchen Sie: Vorlage S. 61
(*Hinweis*: pro Hülle, passt auf handelsübliche Kosmetiktuchboxen)

- Baumwollstoff mit Printmuster, 90 cm breit, 20 cm lang
- Bügeleinlage, mittelstark, 90 cm breit, 20 cm lang
- 2 zum Stoffdekor farblich passende Schleifen
- farblich passendes Samtband, 5 mm breit, 80 cm lang
- farblich passendes Garn

So wird's gemacht

Zuschneiden:
aus Baumwollstoff: 2 x Husse im Bruch, inkl. 1 cm Nahtzugabe;

aus Bügeleinlage: 2 x Husse im Bruch, inkl. 1 cm Nahtzugabe

1 Die beiden Stoffteile mit der Bügeleinlage verstärken. Anschließend die Teile rechts auf rechts legen, sodass sie an der im Schnitt gekennzeichneten Nahtlinie exakt aufeinanderliegen. An dieser Naht die Lagen, von beiden Seiten ausgehend, jeweils bis zur Schlitzmarkierung (siehe Schnittmuster) zusammennähen.

2 Die Nahtzugabe an der gestrichelten Linie nach innen bügeln und bei 7 mm absteppen. Mittig entsteht ein Schlitz für die Tücher. Nach Belieben die Schlitzenden mit einer Schleife verzieren und entlang der gesteppten Linie beidseitig ein schmales Samtband aufnähen.

3 Nun die ausgeschnittenen Ecken übereck zusammenlegen und mit 1 cm Abstand zur Kante zusammennähen. Die Naht mit Zick-Zack-Stich oder der Overlockmaschine versäubern.

4 Die untere Kante ebenfalls versäubern, dann 1 cm nach innen schlagen und absteppen.

Nackenkatze „Luzi"

Größe: 50 cm x 35 cm • Schwierigkeitsgrad

Diese Schmusekatze schmiegt sich lässig um den Hals und wärmt bei Verspannungen und Nackenschmerzen mit ihrer Kirschkernfüllung. Und das Beste: Dabei verliert sie garantiert keine Katzenhaare!

Das brauchen Sie: Vorlage S. 58

- Baumwollstoff in Dunkelblau mit weißen Punkten, 50 cm breit, 60 cm lang
- Fleece in Dunkelblau, 50 cm breit, 60 cm lang
- 600 g Kirschkerne
- farblich passendes Garn

Hinweis zur Erwärmung:
Im Backofen bei max. 130 °C für ca. 10 Minuten erwärmen. Vorher in Alufolie wickeln, damit der Stoff nicht braun wird!
In der Mikrowelle für ca. 1 Minute bei max. 600 Watt erwärmen. Zwischen den Anwendungen gut aufschütteln und vollständig abkühlen lassen. Der Mikrowellenteller muss sauber und trocken sein, damit der Stoff nicht verbrennt.

So wird's gemacht

Zuschneiden:
aus Baumwollstoff: 1 x Nackenkatze, inkl. 7 mm Nahtzugabe;

aus Fleece: 1 x Nackenkatze, inkl. 7 mm Nahtzugabe

1 Die beiden Stoffe rechts auf rechts legen und bei 7 mm Nahtzugabe ringsherum zusammennähen. Die Wendeöffnung gemäß Schnittmarkierung aussparen.

2 In allen Ecken die Nahtzugabe einschneiden, damit keine Zugpunkte entstehen und die Naht am Ende schön glatt liegt.

3 Dann die Katze wenden und mit Kirschkernen füllen. Die Wendeöffnung mit einigen Handstichen gut verschließen.

Das brauchen Sie: Vorlage S. 64

Sofakissen mit Rahmen

- Baumwollstoff in Hellblau mit weißen Punkten, 1 x 42 cm breit, 42 cm lang; 1 x 30 cm breit, 30 cm lang
- Baumwollstoff in Braun mit weißen Punkten, 1 x 42 cm breit, 42 cm lang (mit Fensterausschnitt)
- 1 Nahtreißverschluss in Hellblau oder Braun, 40 cm lang

Sofakissen mit Rüsche

- Baumwollstoff in Hellblau-Braun kariert, 42 cm breit, 42 cm lang (2 x)
- Baumwollstoff in Braun mit weißen Punkten, 1,40 m breit, 10 cm lang (2 x)
- 1 Nahtreißverschluss in Hellblau oder Braun, 40 cm lang

zusätzlich für jedes Kissen

- farblich passendes Garn, 1 passendes Federkissen

Hundekissen

- Jeansstoff in Hellblau, 82 cm breit, 82 cm lang
- Baumwollstoff in Weiß, 70 cm breit, 40 cm lang
- Baumwollstoff mit Hundeprint, 82 cm breit, 82 cm lang
- Bügeleinlage, mittelstark, 70 cm breit, 40 cm lang
- 1 Nahtreißverschluss in Hellblau, 60 cm lang
- farblich passendes Garn
- 1 passendes Federkissen

Gemütliche Dekokissen

Größe: 40 cm x 40 cm bzw. 80 cm x 80 cm • Schwierigkeitsgrad

Ob Sofadeko, Hundekissen oder Stuhlpolster – mit der Auswahl des passenden Stoffs für den Beschenkten machen Sie Ihr Kissen einzigartig und ernten bestimmt Begeisterung.

So wird's gemacht

Zuschneiden (nur Hundekissen):
aus Baumwollstoff in Weiß: 1 x Knochen
aus Bügeleinlage: 1 x Knochen

1 Alle Stoffstücke (außer den Knochen) ringsherum mit Zick-Zack-Stich oder der Overlockmaschine versäubern.

2 *Für das Kissen mit Rahmen*: Gemäß Schnittmusterskizze aus dem braunen Stoffstück den Fensterausschnitt ausschneiden. Das kleine Quadrat aus dem hellblauen Baumwollstoff rechts auf rechts an der inneren Kante des braunen Rahmens annähen. Dabei ist es nach dem Nähen wichtig, die Ecken des Rahmens zur Naht hin einzuschneiden, damit sich der Stoff nicht verzieht und glatt liegt.

3 *Für das Kissen mit Rüsche*: Die langen Stoffstreifen rechts auf rechts an den kurzen Seiten zusammennähen. Dann den Streifen der Länge nach mittig falten und an der unteren offenen Kante mit der größten Stichlänge der Nähmaschine zwei Kräuselfadennähte dicht übereinandersetzen. Nun den Streifen gleichmäßig auf 168 cm Länge raffen. Im Anschluss knappkantig an einer Kissenseite vorfixieren, dabei liegt die Rüsche zunächst mit der rechen Seite nach innen zur Kissenmitte.

4 *Für das Hundekissen*: Den Knochen auf der linken Seite mit der Bügeleinlage verstärken. Das Teil mit Stecknadeln auf dem Jeansstoff platzieren und ringsherum mit Knopflochstich aufnähen.

5 Der Nahtreißverschluss wird bei allen drei Kissen wie folgt eingenäht: Den Reißverschluss rechts auf rechts auf die untere Kante des einen Stoffstücks legen und in der Rille, möglichst nah an den Reißverschlusszähnchen, annähen. Nun die zweite Reißverschlussseite an die untere Kante des zweiten Stoffstücks nähen. Der Reißverschluss muss während des Annähens unbedingt geöffnet sein. Anschließend den Reißverschluss ein Stück schließen und die Kissen ringsherum bei 1 cm zusammennähen, der Stoff liegt dabei rechts auf rechts. Man beginnt am Reißverschlussanfang und endet am Reißverschlussende. Die Kissen umstülpen und bügeln.

Das brauchen Sie: Vorlage S. 60

Dreieckstuch

- Viskosestoff in Grün mit Blumenmuster, 1,40 m breit, 1 m lang
- Baumwollstoff (am besten Batist) in Rot, 1,40 m breit, 1 m lang
- Bommelborte in Anthrazit, 1 cm breit, 2,50 m lang
- farblich passendes Garn

So wird's gemacht

Zuschneiden:
aus Viskosestoff in Grün: 1 x Tuch, inkl. 1 cm Nahtzugabe;

aus Baumwollstoff in Rot: 1 x Tuch, inkl. 1 cm Nahtzugabe

1 Die Bommelborte rechts auf rechts an die Kanten des Viskosedreiecks heften, dabei schauen die Bommeln nach innen. Anschließend die Borte ringsherum aufsteppen.

2 Den Baumwollstoff rechts auf rechts auf das Viskosedreieck stecken und beide Lagen rundherum zusammennähen, dabei eine Wendeöffnung von ca. 10 cm lassen. Die Ecken zurückschneiden, das Tuch durch die Öffnung wenden, die Ecken vorsichtig herausdrücken und zum Schluss die Öffnung unsichtbar mit einigen Handstichen schließen.

Dreieckstuch und Loopschal

Größe: 1,40 m x 70 cm und 70 cm x 35 cm • Schwierigkeitsgrad

In der Kombination aus Samt und Seide oder Viskose und feiner Baumwolle wirken diese Schals besonders edel. Beide Varianten sind so angenehm zu tragen, dass man sie gar nicht mehr missen möchte. Sowohl das Dreieckstuch als auch der Loopschal lassen sich von beiden Seiten tragen.

Das brauchen Sie:
(*Hinweis*: Für den Loopschal gibt es kein Schnittmuster. Er wird in den unten angegebenen Maßen zugeschnitten.)

Loopschal

- Samt in Schwarz, 1,40 m breit, 40 cm lang
- Seide mit schwarz-rosa-beigefarbenem Rankenmuster, 1,40 m breit, 40 cm lang
- farblich passendes Garn

So wird's gemacht

1 Die langen Seiten der Seide rechts auf rechts auf den Samt heften und zusammennähen. Den Schal durch eines der „Tunnellöcher" auf rechts wenden.

2 Anschließend die kurzen Seiten des Schals rechts auf rechts soweit wie möglich aufeinanderstecken und zusammennähen, dabei bleibt eine Öffnung von ca. 10 cm. Diese unsichtbar mit einigen Handstichen schließen.

Modischer Bindegürtel

Größe: 11 cm x 70 cm • Schwierigkeitsgrad

Ob zu einem sommerlichen Kleid oder zu Maxirock und lässigem Shirt, dieser Bindegürtel peppt jedes Outfit auf. Er ist vielseitig kombinierbar, da man ihn wenden kann. Der schmucke Hingucker macht sich toll als Geschenk für eine modebewusste Freundin!

Das brauchen Sie: Vorlage S. 55

- Baumwollstoff in Schwarz mit Printmuster, 1 m breit, 15 cm lang
- Baumwollstoff in Lila mit Printmuster, 1 m breit, 15 cm lang
- Baumwollstoff in Schwarz, 1 m breit, 8 cm lang
- Bügeleinlage, mittelstark, 90 cm breit, 60 cm lang
- Paspelband in Schwarz, 1 cm breit, 2 m lang
- farblich passendes Garn

So wird's gemacht

Zuschneiden:
(*Hinweis:* Das Schnittmuster entspricht Konfektionsgröße 36. Pro eine Nummer größer gibt man an der Bruchkante parallel 2 cm dazu, also insgesamt 4 cm pro Größe.)

aus Baumwollstoff in Schwarz mit Printmuster: 1 x Bindegürtel im Bruch, ohne Nahtzugabe;

aus Baumwollstoff in Lila mit Printmuster: 1 x Bindegürtel im Bruch, ohne Nahtzugabe;

aus Bügeleinlage: 2 x Bindegürtel im Bruch, ohne Nahtzugabe;

aus Baumwollstoff in Schwarz: 2 x 8 cm x 50 cm für die Bindebänder, inkl. 1 cm Nahtzugabe an den kurzen Seiten

1 Die Bindegürtel-Teile auf der linken Stoffseite mit Bügeleinlage verstärken, dann links auf links aufeinanderstecken und mit weiter Stichlänge knappkantig zusammennähen.

2 Die Bindebänder wie eine Paspel erst in der Mitte falten und bügeln und anschließend die Kanten nochmals zur Mitte falten und bügeln. So werden aus der ursprünglichen Breite der Bindebänder von 8 cm am Ende 2 cm. Jeweils auf einer kurzen Seite der Bänder die Kanten 1 cm nach innen schlagen. Die Bindebänder rundherum knappkantig absteppen.

3 Die offenen Seiten der Bänder rechts auf rechts an die im Schnittmuster markierten Kanten der lilafarbenen Seite des Bindegürtels heften. Die Bänder schauen dabei zur Mitte des Gürtels.

4 Das Paspelband um die Kanten des Bindegürtels legen und knappkantig aufsteppen.

5 Die Bindebänder nach vorn über die Paspel klappen und an der Paspel mit einigen Stichen festnähen.

Kuschelweiche Handstulpen

Größe: 26 cm x 40 cm • Schwierigkeitsgrad

Mit diesen trendigen Stulpen können Shirts mit Dreiviertel-Ärmeln ab jetzt auch im tiefsten Winter ausgeführt werden. Die Stulpen sind nicht nur herrlich warm und flauschig, durch die aufgenähte Spitze werden sie auch zum eleganten i-Tüpfelchen für jede Garderobe.

Das brauchen Sie: Vorlage S. 63

- Wollwalk in Grau mit Blumenmuster, 90 cm breit, 40 cm lang
- Baumwolljersey in Schwarz, 90 cm breit, 40 cm lang
- Baumwollspitzenband in Schwarz, 3 cm breit, 60 cm lang
- farblich passendes Garn

So wird's gemacht

Zuschneiden:
aus Wollwalk: 2 x Stulpen im Bruch (gegengleich, der Ausschnitt für den Daumen befindet sich jeweils nur auf einer Seite), 2 x Daumen (gegengleich), inkl. 7 mm Nahtzugabe;

aus Baumwolljersey: 2 x Stulpen im Bruch (gegengleich, der Ausschnitt für den Daumen befindet sich jeweils nur auf einer Seite), 2 x Daumen (gegengleich), inkl. 7 mm Nahtzugabe

1 Den Daumen jeweils rechts auf rechts gemäß Schnittmarkierung (1 auf 1, 2 auf 2) an den Ausschnitt für den Daumen stecken und anschließend annähen, dabei 7 mm am Anfang und am Ende offen lassen. Genauso mit dem Baumwolljersey vorgehen

2 Das Spitzenband an den im Schnittmuster entsprechend gekennzeichneten Stellen auf die Stulpenteile aus Wollwalk stecken und auf beiden Seiten knappkantig aufnähen.

3 Die Wollwalk-Teile nun jeweils in der Mitte falten, die rechte Seite liegt dabei innen, dann die langen Seiten zusammennähen. Auf der gegenüberliegenden langen Seite den Abnäher (siehe Schnittmuster) schließen. Die Stulpen wenden.

4 Die Stulpen aus Baumwolljersey ebenfalls in der Mitte falten und die langen Seiten schließen, dabei aber eine Wendeöffnung lassen. Auf der gegenüberliegenden langen Seite den Abnäher schließen.

5 Die Stulpen aus Baumwolljersey über die Stulpen aus Wollwalkstoff stülpen, sodass die rechten Seiten aufeinanderliegen, und die oberen Öffnungen für die Finger rundherum aufeinanderstecken. Anschließend zusammennähen. Den Baumwolljersey nach innen stülpen.

6 Die Nahtzugaben der Daumen nach innen klappen und mit einigen Handstichen rundherum am eingeschlagenen Jersey annähen.

7 Jetzt die Nahtzugaben der unteren Öffnungen für den Arm rechts auf rechts aufeinanderlegen und durch die Wendeöffnung ziehen, anschließend rundherum schließen. Den Baumwolljersey wieder nach innen stülpen. Zum Schluss die Wendeöffnung unsichtbar mit einigen Handstichen schließen.

Das brauchen Sie: Vorlage S. 62

Variante 1 (in Pink-Grau)

- Baumwollstoff in Rosa-Weiß kariert, 20 cm breit, 20 cm lang
- Baumwollstoff in Pink-Grau gepunktet, 20 cm breit, 20 cm lang
- Baumwollstoff mit Blumenprint, 20 cm breit, 20 cm lang
- Stoffband in Rosa gestreift, 7 mm breit, 30 cm lang
- Lederband in Rosa, 3 mm breit, 25 cm lang
- 1 Knopf in Rot, ø 2 cm
- 1 Anstecknadel in Silber, 3 cm breit
- farblich passendes Garn

Trendige Broschen

Größe: Ø 7 cm • **Schwierigkeitsgrad** 2 von 3

Mit diesen wundervollen Stoffbroschen werten Sie jedes Kleidungsstück auf. An einem Blazer festgesteckt bringen sie Schwung in den Büroalltag einer lieben Freundin, aber auch ein dezentes Partydress oder eine einfache Tasche blühen mit diesem Accessoire auf.

Das brauchen Sie: Vorlage S. 62

Variante 2 (in Schwarz-Weiß)

- Baumwollstoff in Weiß mit schwarzen Punkten, 40 cm breit, 20 cm lang
- Spitzenborte in Weiß, 20 cm breit, 20 cm lang
- Stoffband in Schwarz-Weiß, 7 mm breit, 30 cm lang
- Seidenkordel in Schwarz, 25 cm lang, 2 mm stark
- 1 Knopf in Perlmutt, ø 2 cm
- 1 Anstecknadel in Silber, 3 cm breit
- farblich passendes Garn

So wird's gemacht

Zuschneiden:
Variante 1

aus Stoff kariert: 1 x Brosche hinten, inkl. 7 mm Nahtzugabe;

aus Stoff gepunktet: 2 x Brosche vorn, inkl. 7 mm Nahtzugabe;

aus Stoff mit Blumenprint: 2 x Brosche vorn, inkl. 7 mm Nahtzugabe

Variante 2

aus Stoff gepunktet: 2 x Brosche hinten, inkl. 7 mm Nahtzugabe;

aus Spitzenborte: 4 x Brosche vorn (Bogenkante an Außenkante anlegen), inkl. 7 mm Nahtzugabe

1 Die „Brosche vorn"-Schnittteile (farblich abwechselnd) rechts auf rechts zu einem Ring zusammennähen.

2 *Variante 1*: Den oberen Ring rechts auf rechts auf den unteren Ring legen und am äußeren Rand zusammennähen. Anschließend umstülpen und mit etwas Versatz bügeln, sodass der untere Stoff hervorblitzt.

3 *Variante 2*: Die beiden gepunkteten Schnittteile rechts auf rechts legen und am äußeren Rand ringsherum zusammennähen. Umstülpen und bügeln, dann die Spitze auf dem Ring platzieren.

4 Den Ring in unregelmäßige Falten legen und mit Stecknadeln fixieren. Der Stoff sollte am Ende mittig überlappen, das Loch ist nicht mehr zu sehen. Nun mehrmals mit einem großen Zick-Zack-Stich über die Mitte nähen, um alles zu fixieren.

5 Die Bänder ungleichmäßig falten und ebenfalls mittig auf der Brosche fixieren, dann den Knopf darüber annähen. Auf der Rückseite die Anstecknadel mit einigen Handstichen festnähen.

Schlafbrille

Das brauchen Sie: Vorlage S. 54

- Baumwollstoff mit Printmuster, 1 m breit 30 cm lang
- Bügeleinlage, mittelstark, 50 cm breit, 30 cm lang
- Volumenvlies zum Aufbügeln, 25 cm breit, 30 cm lang
- Baumwollspitzenband in Schwarz, 1,5 cm breit, 13 cm lang
- Gummiband, 2 cm breit, 33 cm lang
- farblich passendes Garn
- Sicherheitsnadel

Schlafbrille & Ballerina-Pantoffeln

Größe Schlafbrille: 8 cm x 22 cm • Schwierigkeitsgrad

Größe Pantoffeln: 8 cm x 24 cm • Schwierigkeitsgrad

Mit diesem Duo fühlt man sich auf jeder Reise wohl. Dank der süßen Ballerinas sind kalte Füße passé und bei Jetlag sorgt die Schlafbrille garantiert für Erholung. Ein schickes Geschenk für Globetrotter und für alle, die es sich auch gern zuhause gemütlich machen!

So wird's gemacht

Schlafbrille

Zuschneiden:
aus Baumwollstoff: 2 x Schlafbrille, 1 x Tunnelband, inkl. 1 cm Nahtzugabe;

aus Bügeleinlage: 2 x Schlafbrille, inkl. 1 cm Nahtzugabe;

aus Volumenvlies: 1 x Schlafbrille

1 Die Brillenschnittteile aus Baumwollstoff mit Bügeleinlage und Volumenvlies verstärken. Das Spitzenband für die Wimpern in zwei gleichgroße Stücke schneiden, die Enden nach innen schlagen und entsprechend der im Schnittmuster markierten Position aufnähen.

2 Das Tunnelband längs rechts auf rechts legen und die lange Seite zusammennähen. Nun mithilfe einer Sicherheitsnadel umstülpen und das Gummiband einziehen.

3 Das Gummiband an den entsprechenden Positionen auf den Brillenschnittteilen vorfixieren. Die Brillenschnittteile rechts auf rechts legen, das Gummiband liegt dazwischen. Anschließend die Brille ringsherum zusammennähen, aber eine kleine Wendeöffnung lassen. Die Nahtzugabe etwas zurückschneiden. Die Brille umstülpen, in Form bügeln und die Wendeöffnung mit einigen Handstichen schließen.

Ballerina-Pantoffeln (Gr. 38)

Das brauchen Sie: Vorlage S. 64

- Baumwollstoff in Rosa mit Blumenprint, 1,40 m breit, 30 cm lang
- Fleece in Pink, 30 cm breit, 30 cm lang
- Alcantara oder Kunstleder in Grau, 30 cm breit, 30 cm lang
- Bügeleinlage, mittelstark, 90 cm breit, 50 cm lang
- Samtband in Fuchsia, 7 mm breit, 80 cm lang
- Gummiband, 7 mm breit, 20 cm lang
- Textilkleber
- farblich passendes Garn
- kleine Sicherheitsnadel

Zuschneiden:
(*Hinweis*: Rechter und linker Schuh sind identisch. Für den Zuschnitt in anderen Größen wie folgt vorgehen: Am Seitenteil wird zum Verkleinern, ausgehend von Größe 38, an der Seite je 1 cm pro Größe parallel zur Bruchkante abgeschnitten. Zum Vergrößern entsprechend Länge dazugeben. Für die Sohle an der gestrichelten Linie das Schnittpapier auseinanderschneiden und pro Größe 1 cm dazugeben bzw. abschneiden. Den Übergang abrunden.)

aus Baumwollstoff: 4 x Seite im Bruch, 2 x Sohle, inkl. 1 cm Nahtzugabe;

aus Fleece: 2 x Sohle, inkl. 1 cm Nahtzugabe;
aus Alcantara: 2 x Sohle, inkl. 1 cm Nahtzugabe;
aus Bügeleinlage: 4 x Seite im Bruch, 2 x Sohle, inkl. 1 cm Nahtzugabe

1 Die Schnittteile aus Baumwollstoff und Alcantara mit den entsprechenden Teilen aus Bügeleinlage verstärken. Zwei der Seitenteile bilden den Außenballerina. An ihnen entsprechend der Markierung im Schnittmuster die kleinen Knopflöcher anbringen. Dafür erst mit Zick-Zack-Stich um die Markierung herumnähen, anschließend den Stoff an der Markierung vorsichtig einschneiden. Nun die Naht an der hinteren Mitte aller Seitenteile schließen und auseinanderbügeln. Je ein Seitenteil mit und ohne Knopfloch rechts auf rechts aufeinanderlegen und bei 1 cm an der oberen Kante zusammennähen. Dann glatt bügeln und einen 1 cm breiten Tunnel entlang der oberen Kante absteppen.

2 Das Seitenteil rechts auf rechts an die Alcantarasohle nähen. Dabei auf vorn und hinten achten. Die Nahtzugabe etwas zurückschneiden und bügeln.

3 Die Fleecesohle mit der geblümten Sohle rechts auf rechts zusammensteppen, dabei eine Wendeöffnung lassen. Die Nahtzugabe etwas zurückschneiden, die Sohle wenden und bügeln.

4 Diese Sohle mit Textilkleber auf die Innenseite der Alcantarasohle kleben, dann die Fleecesohle mit einigen Handstichen ringsherum an der Nahtzugabe annähen, dabei wird auch die Wendeöffnung geschlossen.

5 Das Samtband in vier gleich lange Stücke schneiden, das Gummiband in zwei gleich lange Stücke. Nun je ein Gummiband zwischen zwei Samtbänder legen. Die Nahtzugabe liegt dabei flach aufeinander, dann mit Zick-Zack-Stich zusammennähen.

6 Jetzt wird mit einer kleinen Sicherheitsnadel je ein Band durch den Tunnel gezogen. Am ersten Knopfloch beginnen, sodass die obere Kante des Pantoffels gerafft ist. Wenn das Band am zweiten Knopfloch wieder herausgekommen ist, die Weite gleichmäßig verteilen und das Band zu einer Schleife binden. Den anderen Ballerina genauso arbeiten.

Schnittmuster

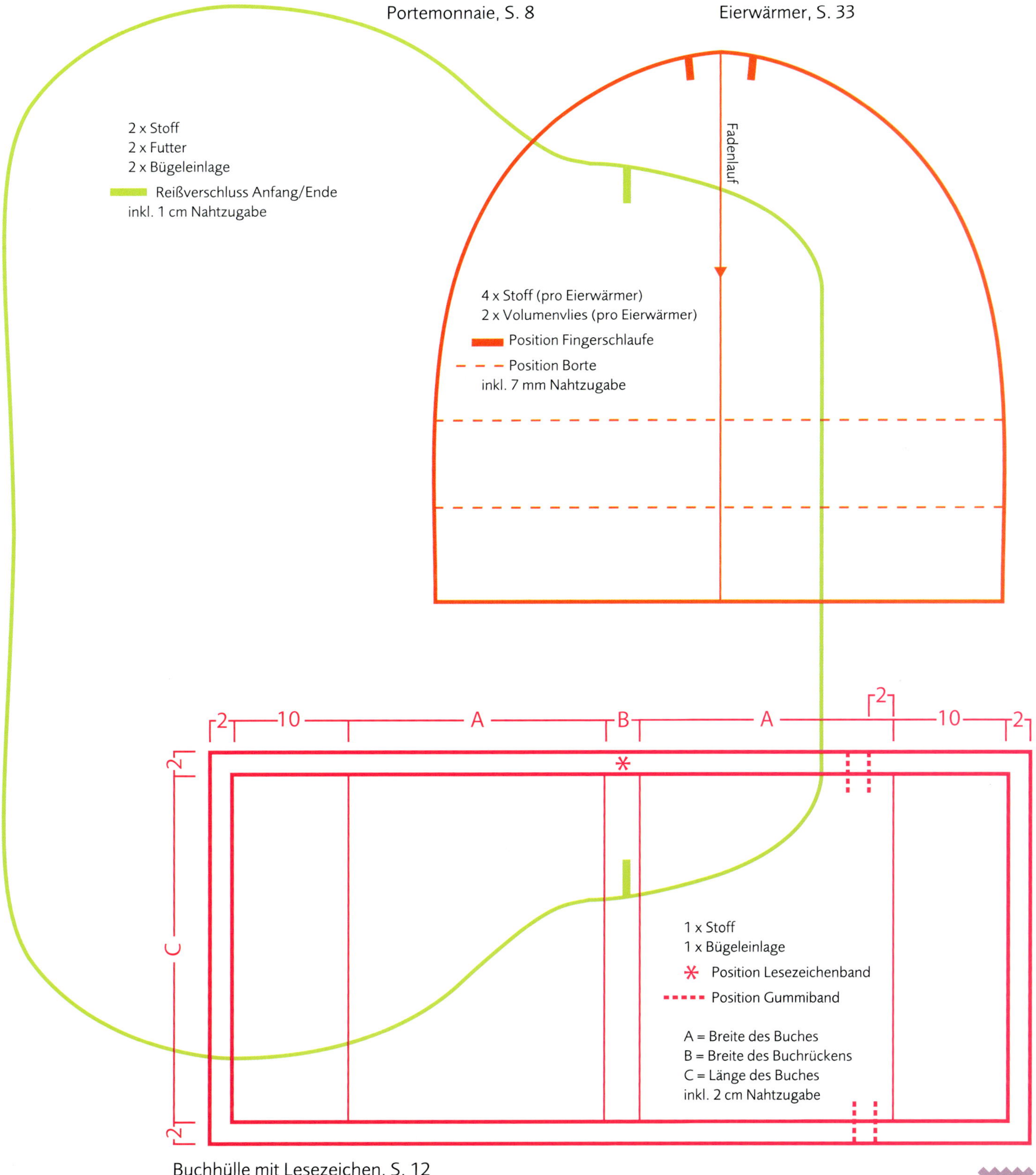

Schminktäschchen, S. 10

Schlafbrille, S. 50

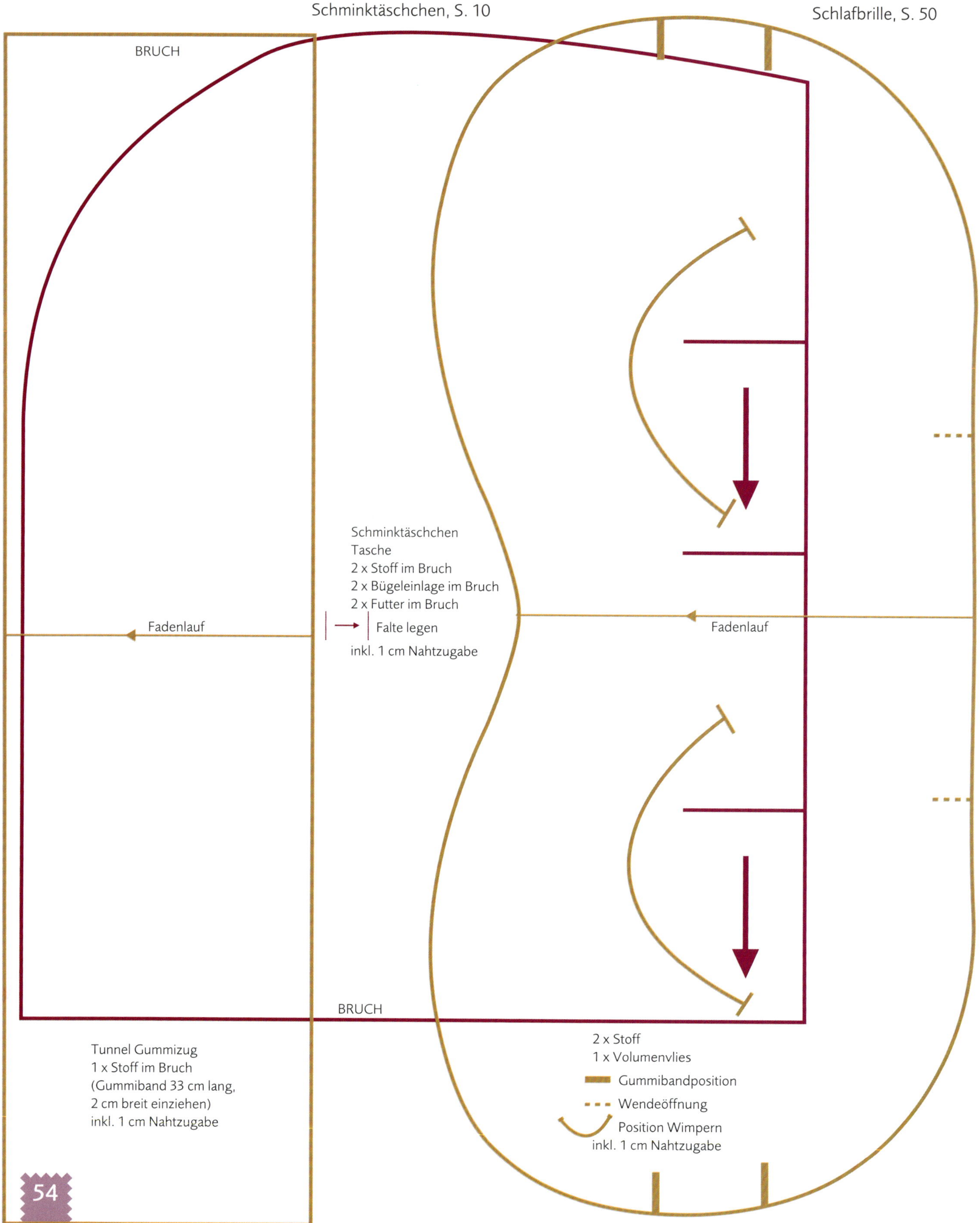

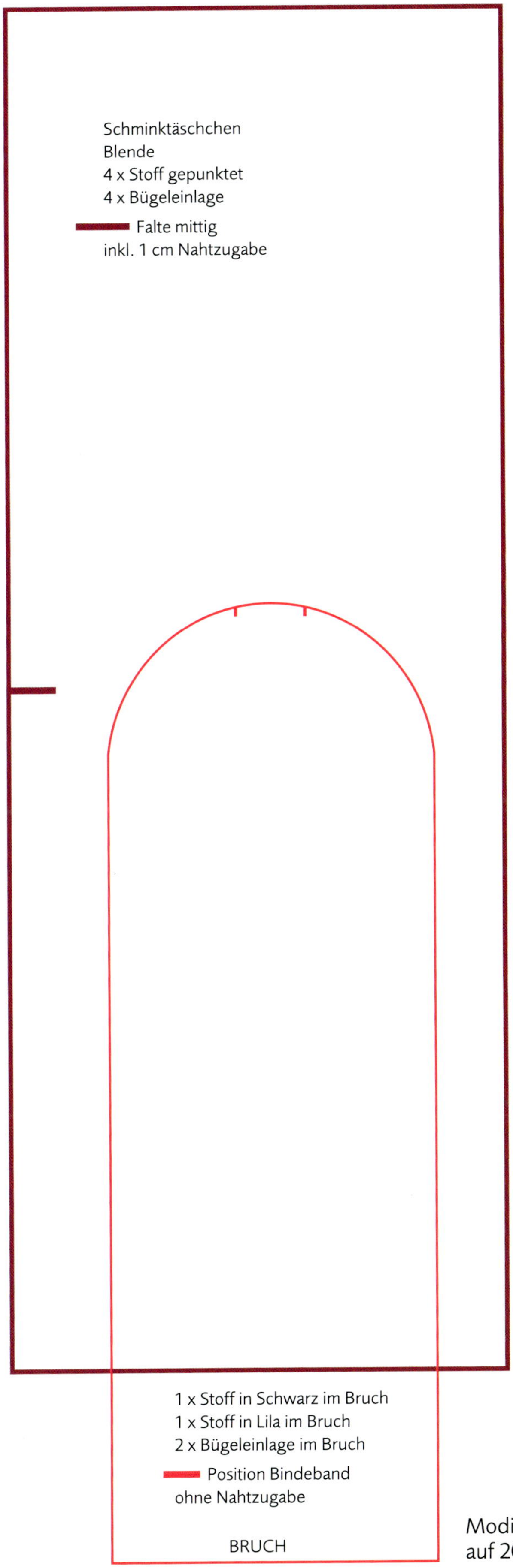

Modischer Bindegürtel, S. 44
auf 200 % vergrößern

Platzsets mit Besteckhüllen, S.30

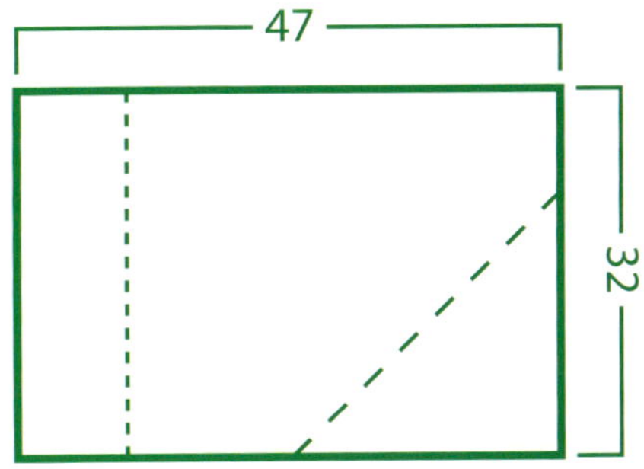

Platzset
4 x Leinen
4 x Bügeleinlage
- - - - Markierung Seitenteil gerade
— — Markierung Seitenteil schräg
inkl. 1 cm Nahtzugabe

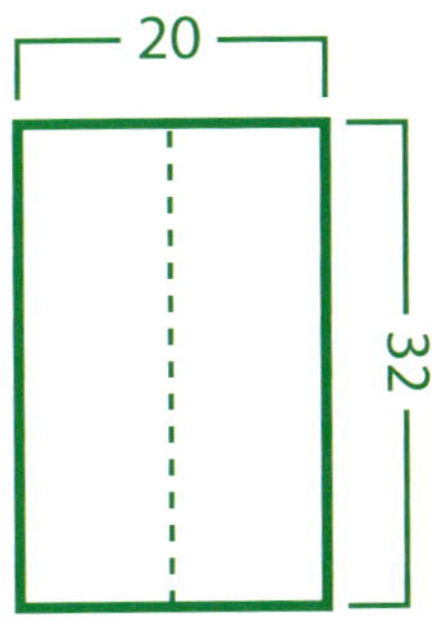

Seitenteil gerade
2 x Baumwollstoff geblümt
- - - - Faltlinie mittig
inkl. 1 cm Nahtzugabe

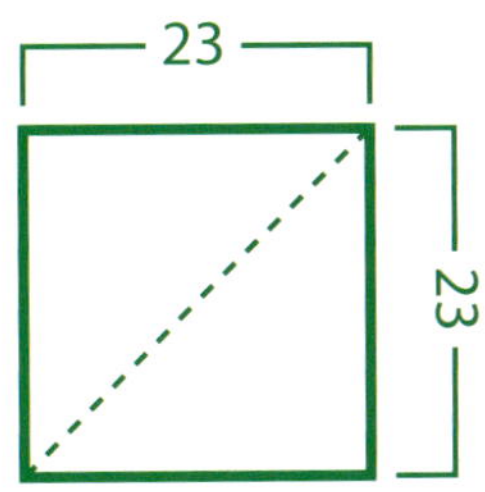

Seitenteil schräg
2 x Baumwollstoff geblümt
2 x Bügeleinlage
- - - - Faltlinie
inkl. 1 cm Nahtzugabe

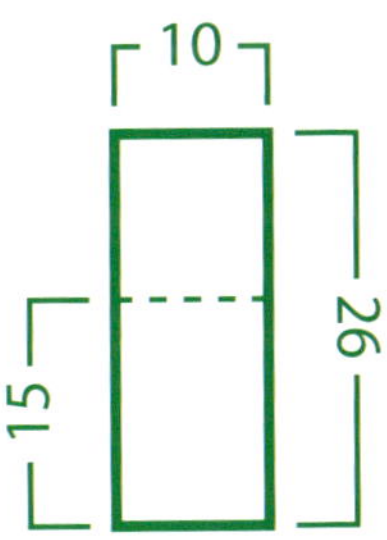

Besteckhülle 1
4 x Leinen
4 x Bügeleinlage
- - - - Markierung Besteckhülle 2
inkl. 1 cm Nahtzugabe

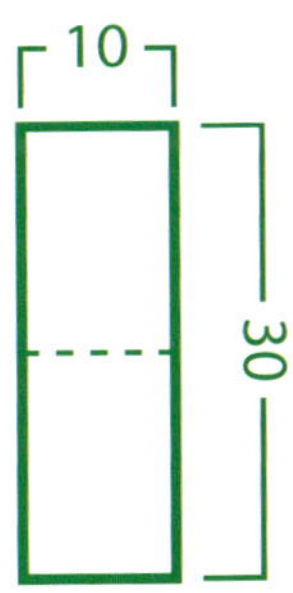

Besteckhülle 2
2 x Baumwollstoff geblümt
- - - - Faltinie mittig
inkl. 1 cm Nahtzugabe

Tasche für Digitalkamera, S. 14

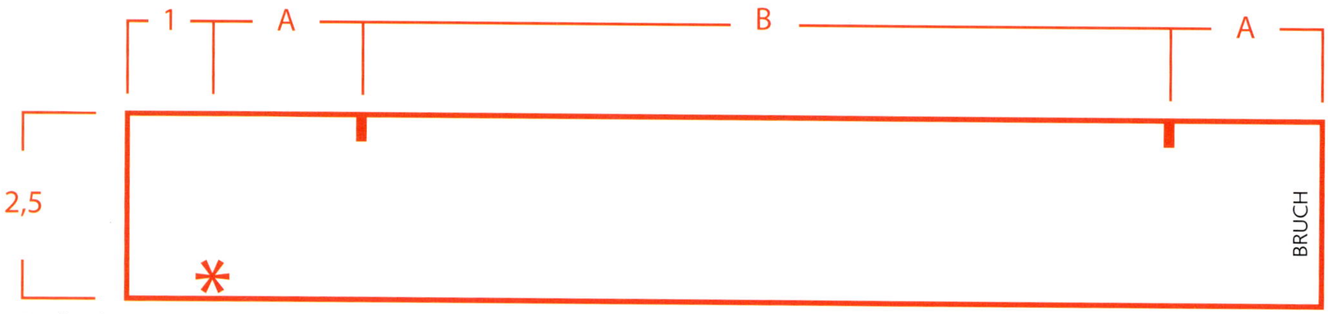

Tasche oben
1 x Filz in Hellgrau im Bruch

▬ Ecken

✱ Reißverschluss Anfang/Ende

A = 1/2 Breite der Kamera + 3 mm Spiel
B = Länge der Kamera + 5 mm Spiel

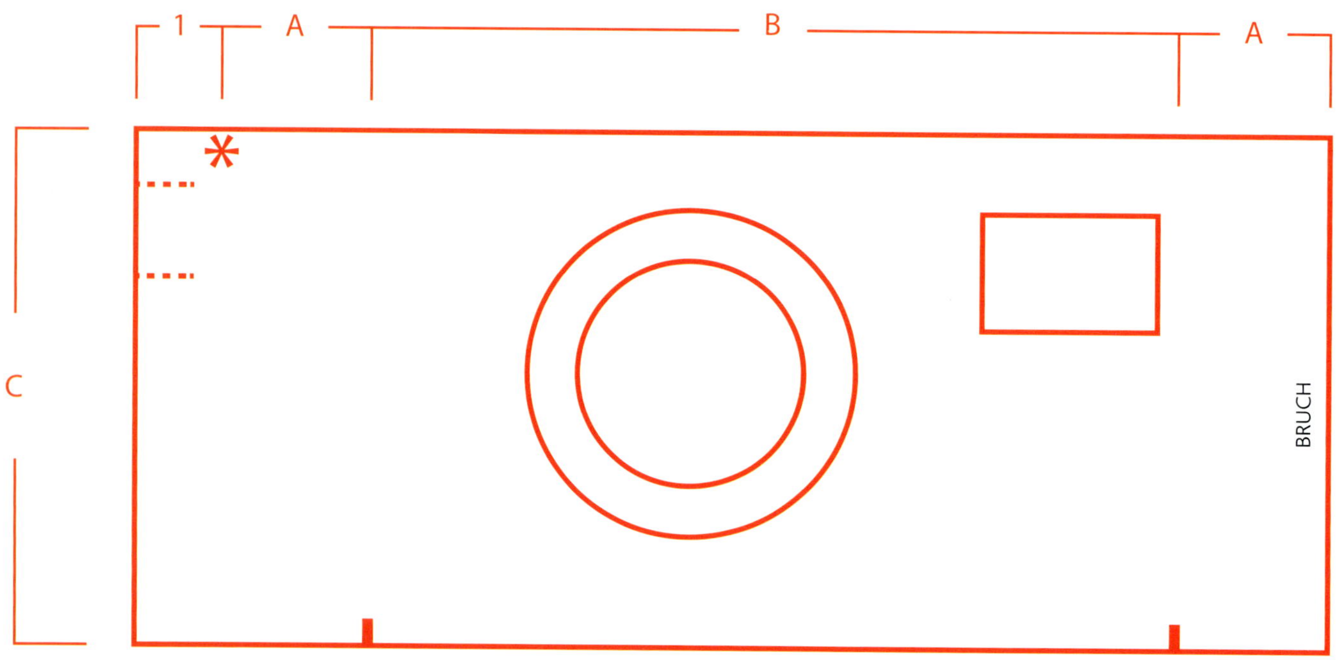

Tasche unten
1 x Filz in Hellgrau im Bruch

- - - Position Armschlaufe

▭ Position Blitz

◎ Position Linsen

▬ Ecken

✱ Reißverschluss Anfang /Ende

A = 1/2 Breite der Kamera + 3 mm Spiel
B = Länge der Kamera + 5 mm Spiel
C = Höhe der Kamera - 2,5 cm + 6 mm Spiel + 1 cm Nahtzugabe

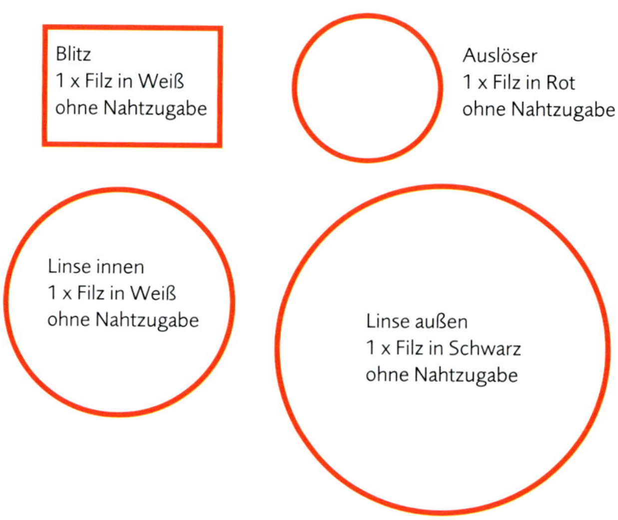

Tasche für Digitalkamera, S. 14

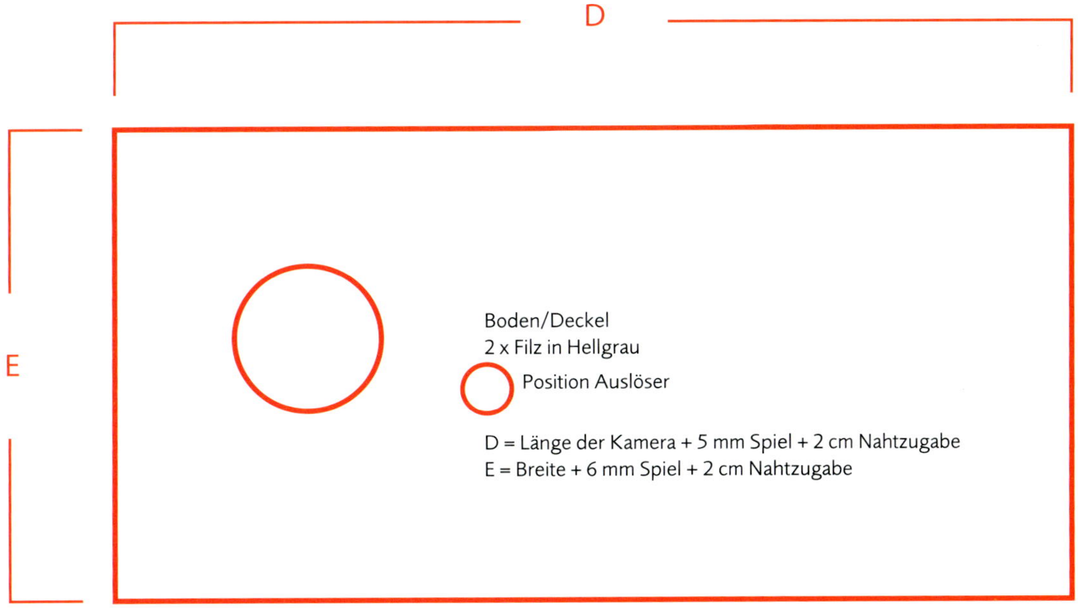

Brotkorb, S. 32
auf 200 % vergrößern

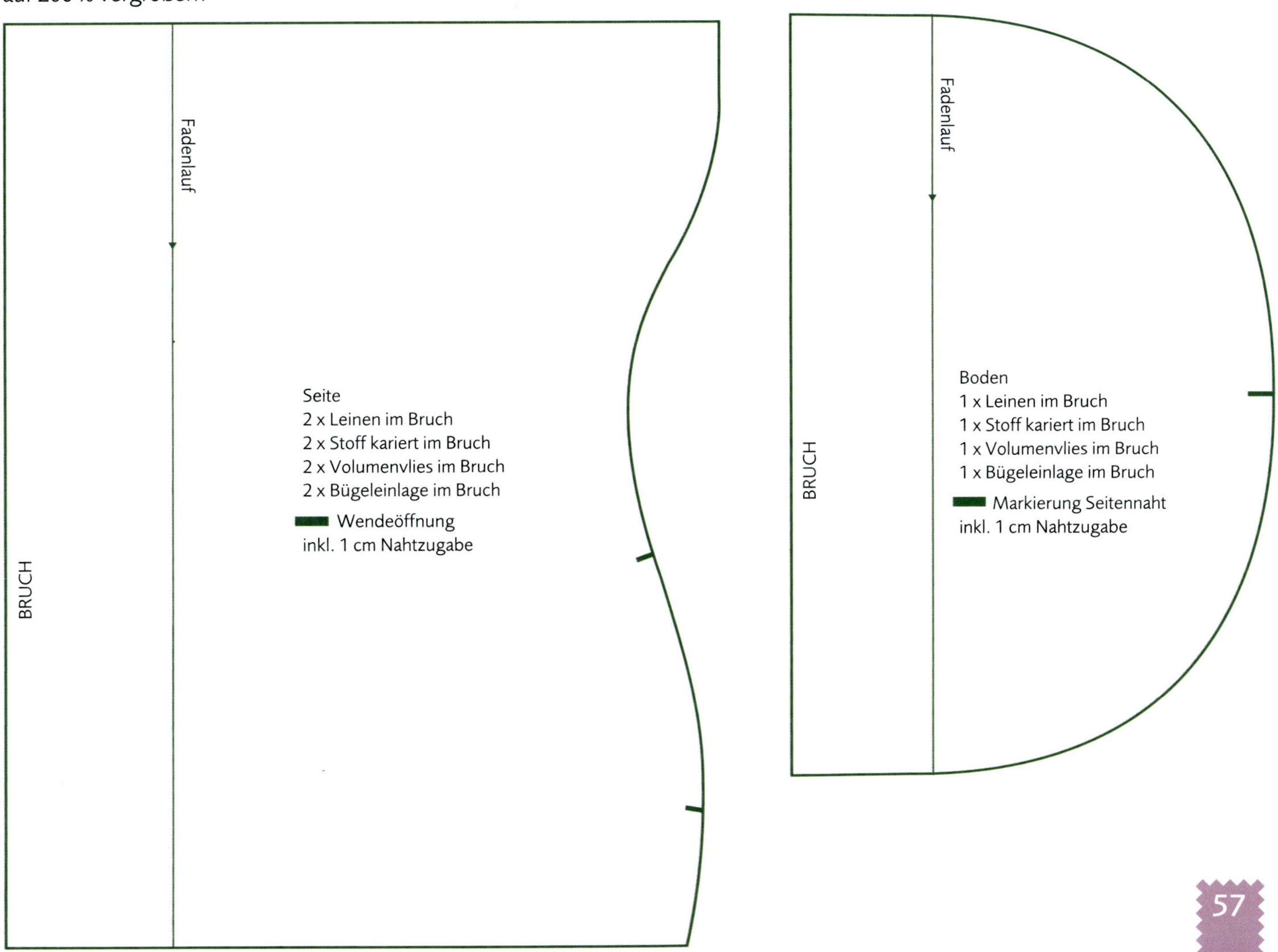

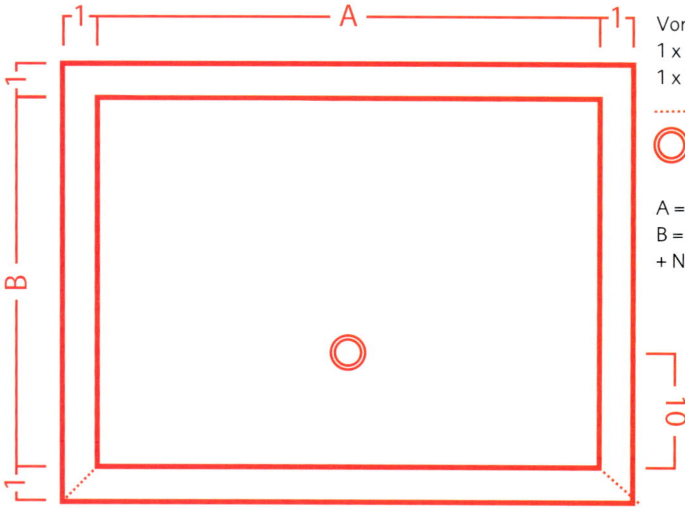

Vorderteil
1 x Filz in Pink
1 x Futterstoff

······ Markierung für Seitenteil
◎ Markierung Knopf (1/2 A)

A = Länge des Tablet-PCs + 2 cm Spiel
B = Breite des Tablet-PCs + 2 cm Spiel
+ Nahtzugabe wie skizziert

Seitenteil
1 x Filz in Pink
1 x Futterstoff

- - - - - - Markierung für Eckpunkte unten an Vorder- und Rückenteil
A = Länge des Tablet-PCs + 2 cm Spiel
B = Breite des Tablet-PCs + 2 cm Spiel
C = Höhe des Tablet-PCs
+ Nahtzugabe wie skizziert

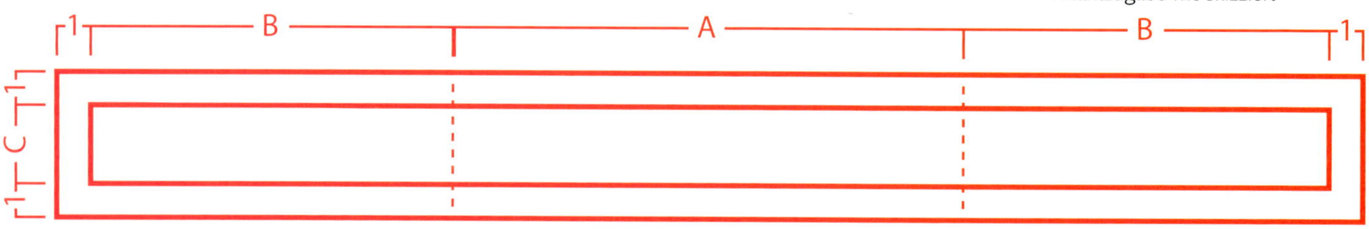

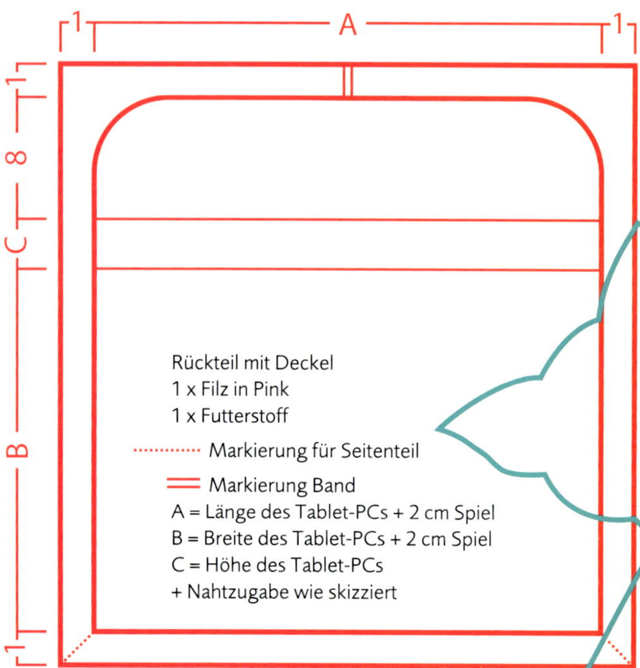

Rückteil mit Deckel
1 x Filz in Pink
1 x Futterstoff

·········· Markierung für Seitenteil
═ Markierung Band
A = Länge des Tablet-PCs + 2 cm Spiel
B = Breite des Tablet-PCs + 2 cm Spiel
C = Höhe des Tablet-PCs
+ Nahtzugabe wie skizziert

Nackenkatze „Luzi", S. 38
auf 400 % vergrößern

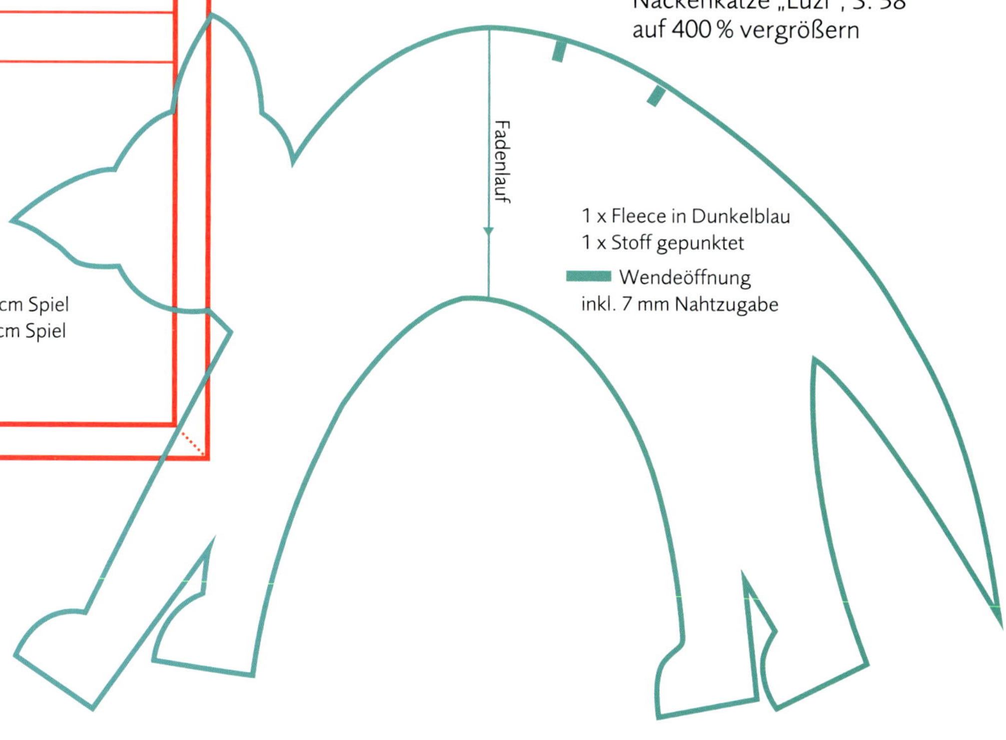

1 x Fleece in Dunkelblau
1 x Stoff gepunktet
▬ Wendeöffnung inkl. 7 mm Nahtzugabe

Smartphone-Tasche, S. 18
auf 200 % vergrößern

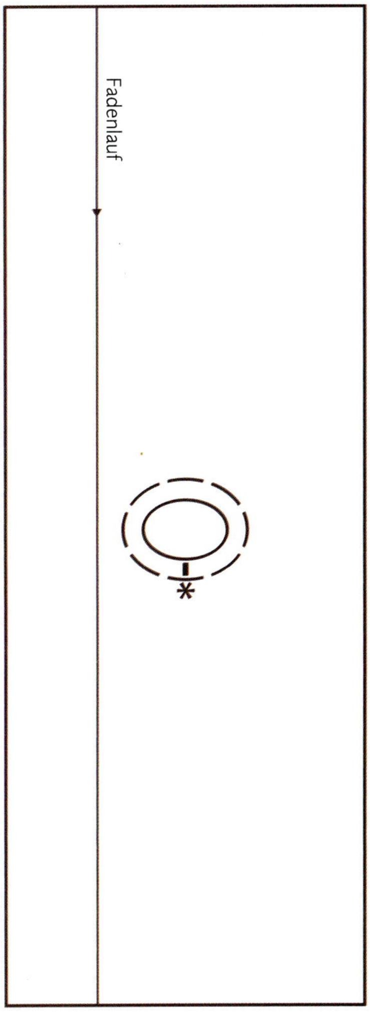

Bluse
2 x Stoff gepunktet
1 x Volumenvlies
Kragenanfang/-ende
Kragen dort annähen
Halsloch ausschneiden
Position Knopf
inkl. 7 mm Nahtzugabe

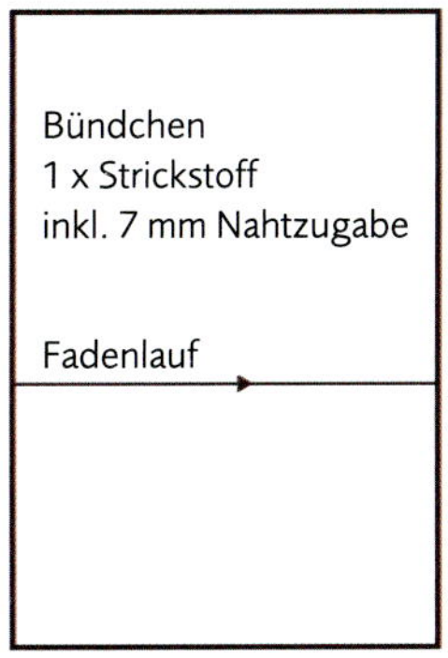

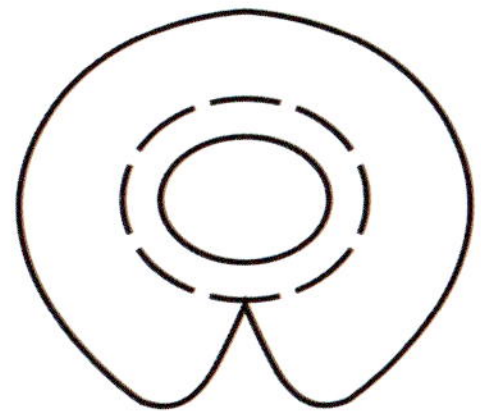

Kragen
2 x Stoff gepunktet
dort annähen
Halsloch ausschneiden
inkl. 5 mm Nahtzugabe

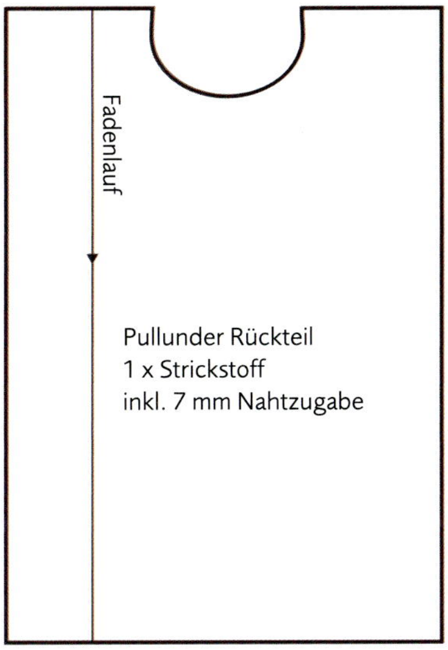

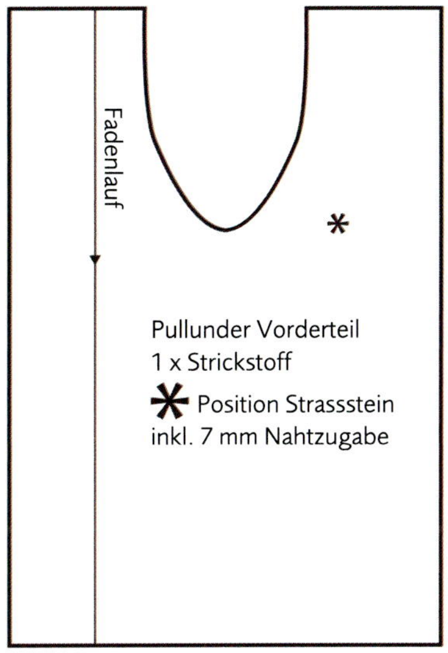

Pinguin-Anhänger, S. 20

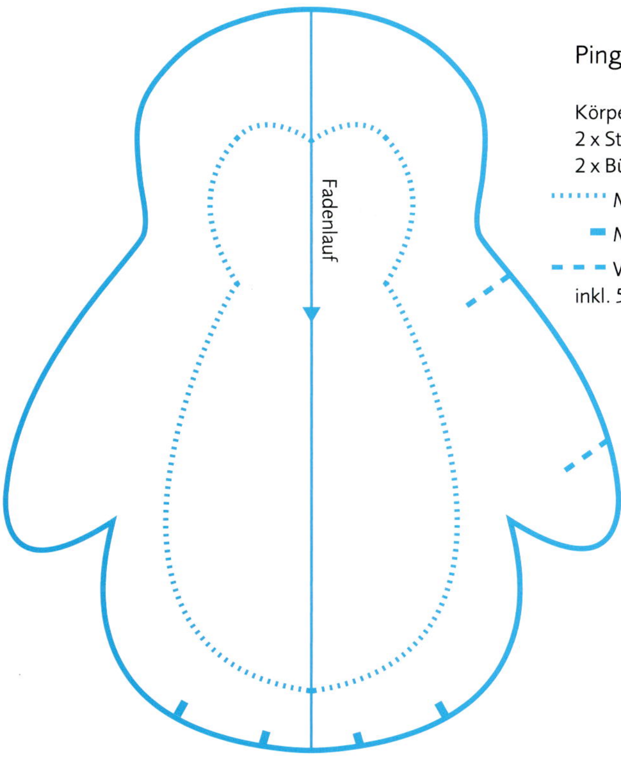

Körper
2 x Stoff in Dunkelblau
2 x Bügeleinlage
Markierung Bauch
Markierung Füße
Wendeöffnung
inkl. 5 mm Nahtzugabe

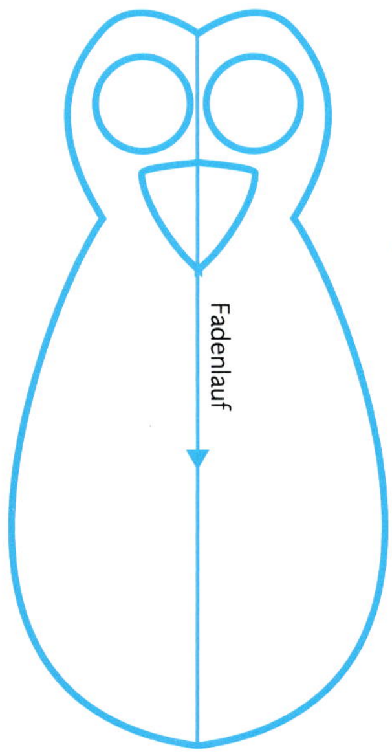

Bauch
1 x Stoff in Weiß
1 x Bügeleinlage
Position Augen
Position Schnabel

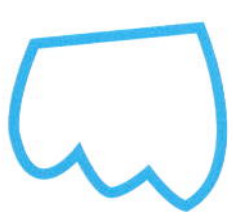

Fuß
2 x Filz in Gelb

Schnabel
1 x Filz in Gelb

Auge
2 x Filz in Schwarz

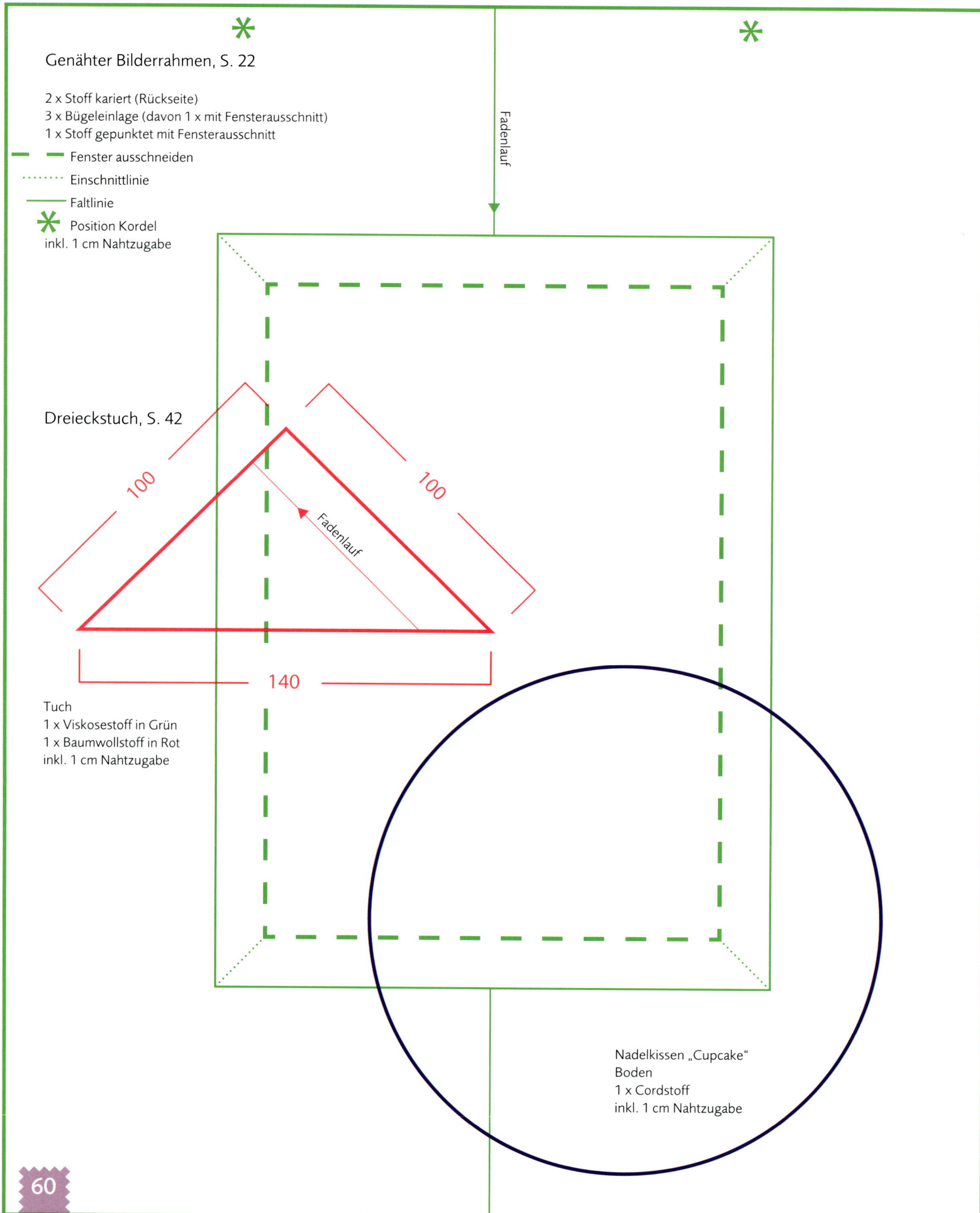
Genähter Bilderrahmen, S. 22
2 x Stoff kariert (Rückseite)
3 x Bügeleinlage (davon 1 x mit Fensterausschnitt)
1 x Stoff gepunktet mit Fensterausschnitt
Fenster ausschneiden
Einschnittlinie
Faltlinie
Position Kordel
inkl. 1 cm Nahtzugabe
Fadenlauf
Dreieckstuch, S. 42
100
100
Fadenlauf
140
Tuch
1 x Viskosestoff in Grün
1 x Baumwollstoff in Rot
inkl. 1 cm Nahtzugabe
Nadelkissen „Cupcake"
Boden
1 x Cordstoff
inkl. 1 cm Nahtzugabe

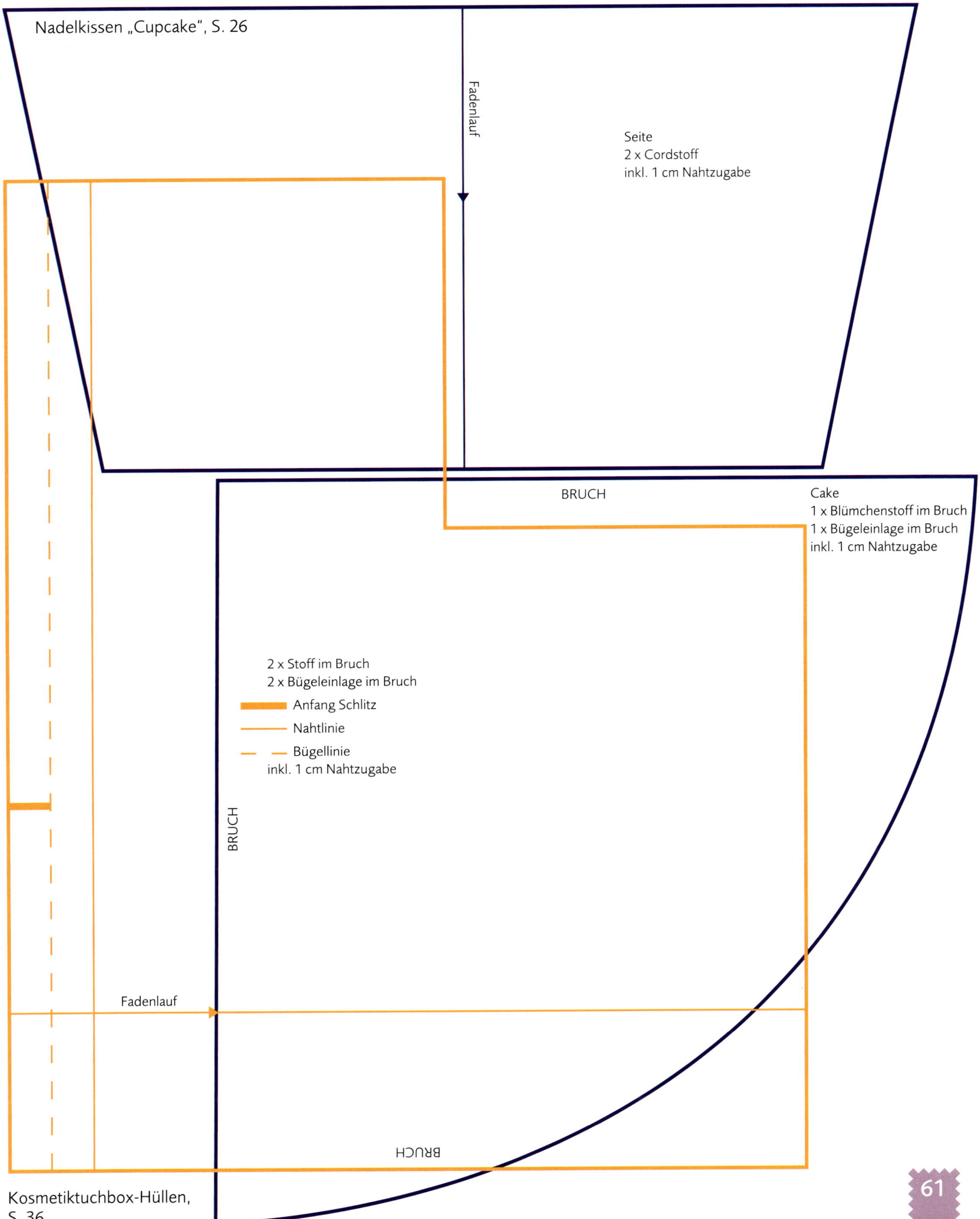
Nadelkissen „Cupcake", S. 26
Fadenlauf
Seite
2 x Cordstoff
inkl. 1 cm Nahtzugabe
BRUCH
Cake
1 x Blümchenstoff im Bruch
1 x Bügeleinlage im Bruch
inkl. 1 cm Nahtzugabe
2 x Stoff im Bruch
2 x Bügeleinlage im Bruch
Anfang Schlitz
Nahtlinie
Bügellinie
inkl. 1 cm Nahtzugabe
BRUCH
Fadenlauf
BRUCH
Kosmetiktuchbox-Hüllen, S. 36

Trendige Broschen, S. 48

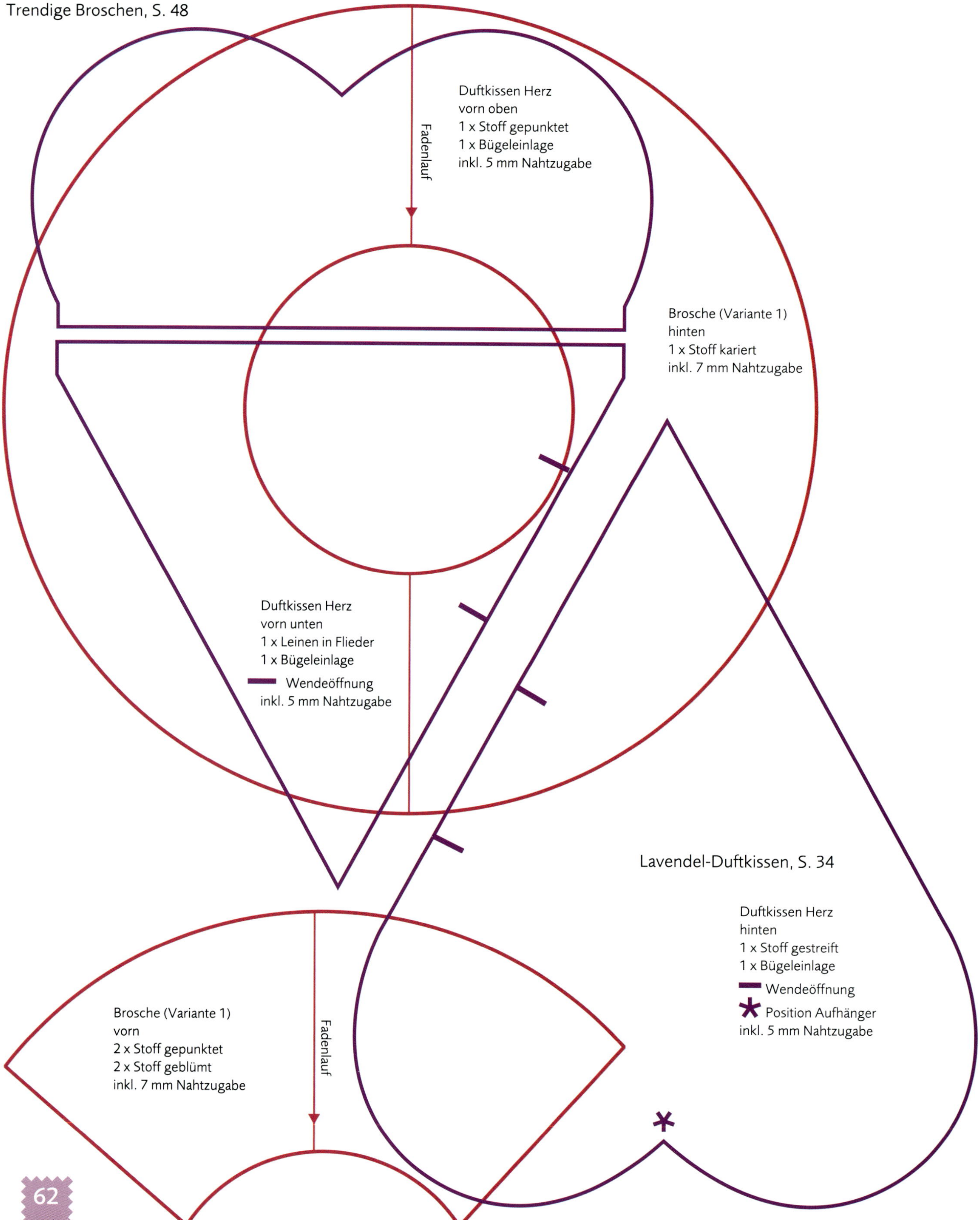

Lavendel-Duftkissen, S. 34
Flakonkissen

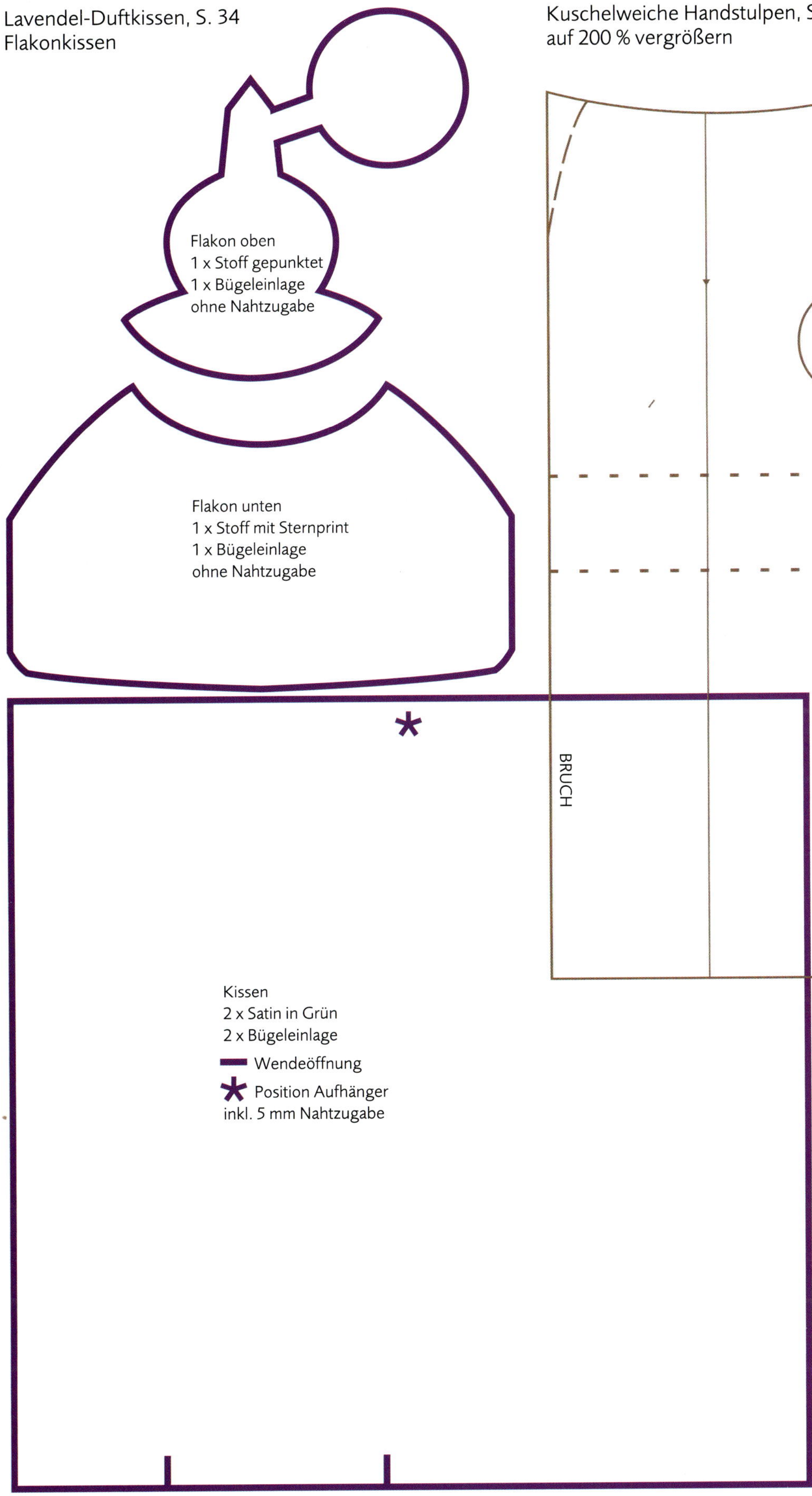

Kuschelweiche Handstulpen, S. 46
auf 200 % vergrößern

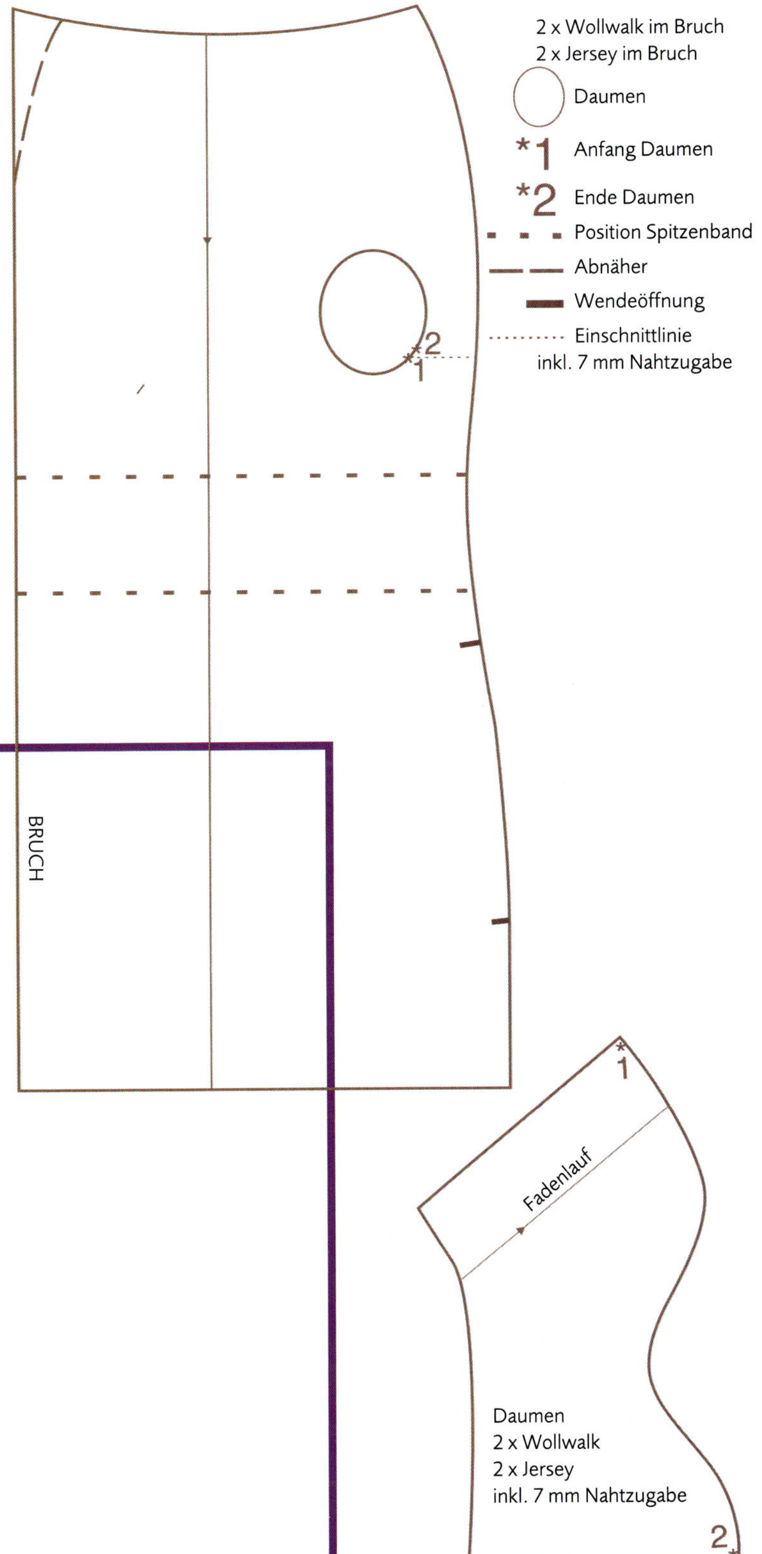

Gemütliche Dekokissen, S. 40

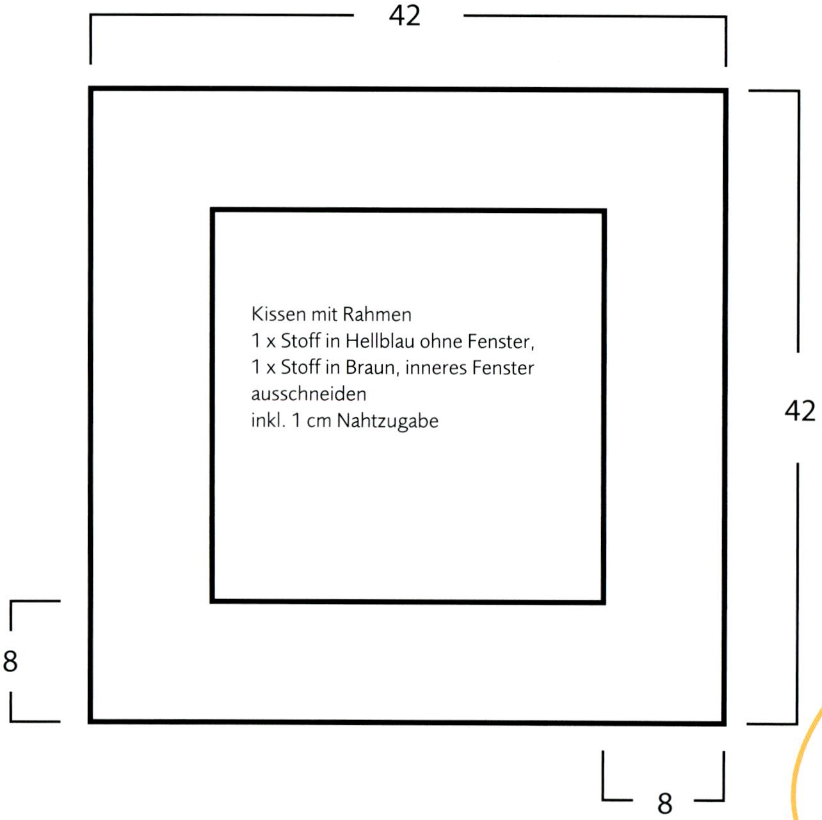

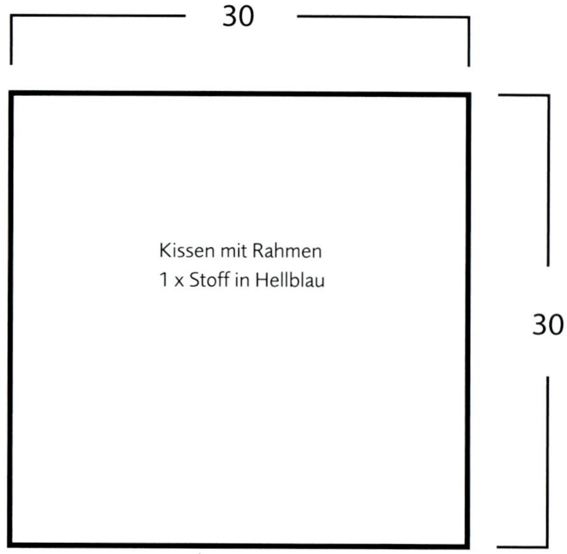

Gemütliche Dekokissen, S. 40

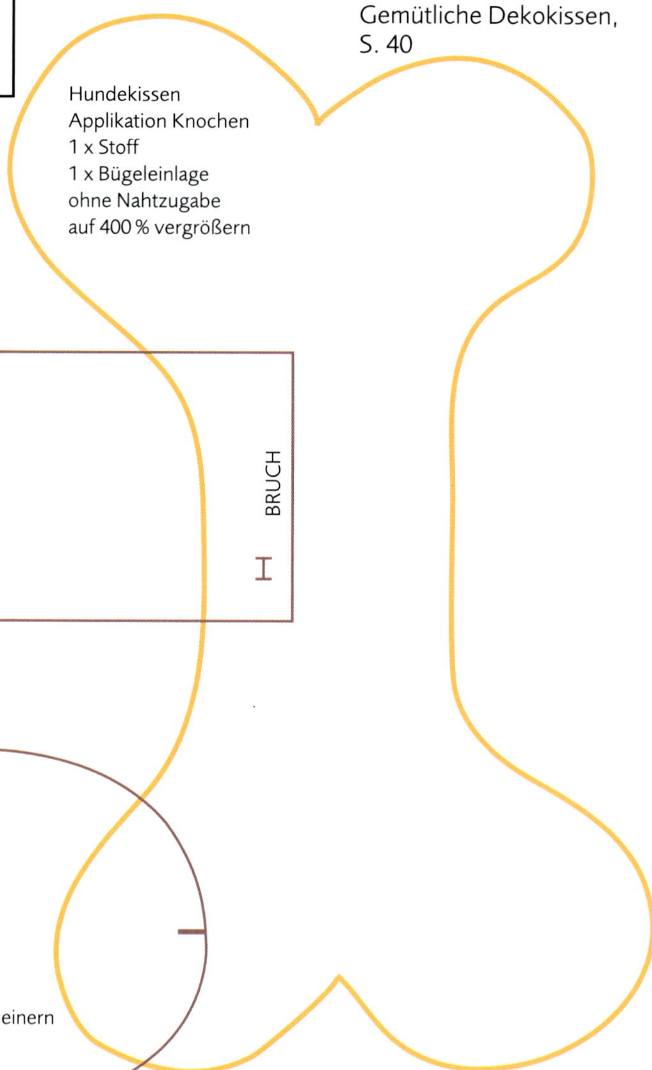

Ballerina-Pantoffeln, S. 50
auf 200 % vergrößern

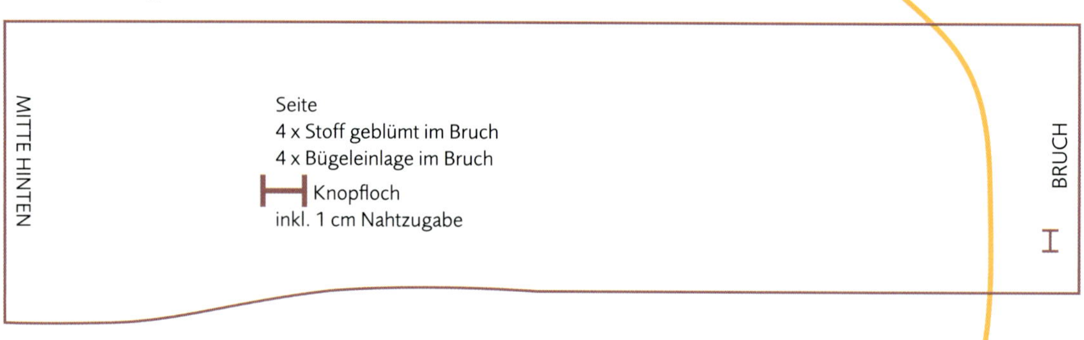